学ぶ人は、変えてゆく人だ。

目の前にある問題はもちろん、

人生の問いや、

社会の課題を自ら見つけ、

挑み続けるために、人は学ぶ。

「学び」で、

少しずつ世界は変えてゆける。

いつでも、どこでも、誰でも、

学ぶことができる世の中へ。

旺文社

JN247499

大学入試

全レベル問題集
英文法

国士舘大学教授 小崎充 著

4 私大上位レベル

改訂版

はじめに

『大学入試 全レベル問題集 英文法』シリーズは，レベル1〜5の5段階で構成されています。高校1・2年生の基礎固めのレベルから，私大中堅〜上位校，さらには難関大レベルまで，すべてのレベルの問題がそろっているので，皆さんの今の実力にぴったり合った1冊で入試対策をスタートできます。大学入試で問われる英文法に関する知識を，入試過去問題で定着させながら段階的にレベルアップしていき，最終的には志望大学合格レベルまで着実に得点に結び付けられるように編集されています。

大学入試で出題される文法問題には，長文読解問題とは異なる難しさがあります。長文読解問題では，数百語の長さの文章が与えられているため，わからない部分があったとしても，前後，周辺の文脈から意味を推測することができます。しかし，文法問題では，わずか1〜2行程度で示される英文の意味を文脈による推測に頼らずに正確にとらえ，正解を導く必要があるのです。

本シリーズに掲載する演習問題を選定する際に最も注意を払ったのは，大学入試で問われる重要文法事項をできる限り広く扱うのは当然として，皆さんが問題を解いていく中で，文の意味を確定する力となる "文脈推理力" を高めていくのにより効果的な問題を，可能な限りたくさん含めることでした。

ですから，この問題集を利用して学習することで，英文法の知識が確かなものとなるだけではなく，文脈を想像する力が増強されることで文の意味をより正確にとらえることが可能になり，長文読解問題に取り組む際の強力な武器を手にすることになるでしょう。そして，それは大学でも，さらには社会に出てからも，皆さんにとって大きなアドバンテージになるものと信じています。

小崎　充

目　次

本シリーズの特長

『大学入試 全レベル問題集 英文法』シリーズには以下の特長があります。

1.「例題」⇒「押さえる」⇒「差がつく」の3部構成

　本シリーズでは，それぞれの文法項目の知識を皆さんに徐々に深く身につけてもらう目的で，次のような3段階での学習を提案しています。①まずは簡潔に文法事項をおさらいするための**例題**，②基礎問題の**「押さえておきたい6題」**，③応用問題の**「差がつく10〜15題」**の3段階学習です。「差がつく」が全問正解できるようになると，実際の入試で本書と異なる設問形式で問われても対応できるような力がついているという目安になります。

2. 学習効率重視のレイアウトと出題

　本シリーズでは，なるべくコンパクトな形の問題演習を目指しました。見開きページ内で**問題と解答解説が1対1で見られるようなレイアウト**となっているのも，読者の皆さんにリズム良くどんどん解いていってほしいからです。また，知識の定着を最大の目的としているので，四択問題や整序問題などの**スタンダードなタイプの設問形式を中心に**収録問題を選出しています。

3. 入試過去問題から良問を精選

　本問題集に収録されている問題のほとんどが，**実際の入試で出題された過去問題**です。過去15年分以上，約6万5,000件の入試問題データから，レベル4に適した約300題を精選しました。

4. 総仕上げ——ランダム問題で真の実力を養成

　実際の入試では，どの文法項目が対象となって出題されているのか，明らかにはされていません。まず，本書の第1〜12章では知識の整理と拡充をするため，それぞれの文法項目に分けて問題演習を行います。各文法項目ごとにしっかり学習を終えたあとは，巻末の**いろいろな文法項目からランダムに問題を集めた「ランダム30題で力だめし！」**に取り組みましょう。このランダム問題は，本書の卒業テストの位置づけです。不正解だった問題は，解説中に示された章に必ず戻って，しっかりと復習しましょう。

志望校レベルと「全レベル問題集 英文法」シリーズのレベル対応表

＊ 掲載の大学名は本シリーズを活用していただく際の目安です。

本書のレベル	各レベルの該当大学
① 基礎レベル	高校基礎〜大学受験準備
② 入試必修・共通テストレベル	入試必修・共通テストレベル
③ 私大標準レベル	日本大学・東洋大学・駒澤大学・専修大学・京都産業大学・近畿大学・甲南大学・龍谷大学・札幌大学・亜細亜大学・國學院大學・東京電機大学・武蔵大学・神奈川大学・愛知大学・東海大学・名城大学・追手門学院大学・神戸学院大学・広島国際大学・松山大学・福岡大学 他
④ 私大上位レベル	学習院大学・明治大学・青山学院大学・立教大学・中央大学・法政大学・芝浦工業大学・成城大学・成蹊大学・津田塾大学・東京理科大学・日本女子大学・明治学院大学・獨協大学・北里大学・南山大学・関西外国語大学・西南学院大学 他
⑤ 私大最難関・国公立大レベル	［私立大学］早稲田大学・慶應義塾大学・上智大学・関西大学・関西学院大学・同志社大学・立命館大学 他 ［国公立大学］北海道大学・東北大学・東京大学・一橋大学・東京工業大学・名古屋大学・京都大学・大阪大学・神戸大学・広島大学・九州大学 他

著者紹介：**小崎 充**（こざき まこと）

北海道生まれ。東京外国語大学外国語学部英米語学科卒。同大学院修士課程修了。現在，国士舘大学理工学部人間情報学系教授。主著は『入門英文法問題精講［4訂版］』（旺文社），『快速英単語 入試対策編』（文英堂）など。
「ことばは常に変わり続けます。英語も日本語もちょっとずつ変化を続けています。その変化が好ましいものでも，そうではないものでも，いつでもアンテナをしっかり張って，注目していたいものです。ただし，新しいことば遣いを自分ではなかなか使えるものではありません。なんとなく感覚が『違くって』…。」

〔協力各氏・各社〕

装丁デザイン：ライトパブリシティ　　　　　編 集 担 当：須永亜希子
本文デザイン：イイタカデザイン

本書の使いかた

STEP 1

まずは文法知識をおさらい

問題を解く前に，**ウォームアップ**として文法事項のおさらいをしておきましょう。それぞれ**文法項目の概念**と，**大学入試で狙われるポイント**がまず各章のはじめに述べられています。このページでは3つの例題で，端的にポイントを復習できるようになっています。ここでわからないことが出てきたら，手間を惜しまずに一度教科書や英文法の参考書に戻ってください。文法・語法情報が掲載されている英和辞典を引いみることもおすすめします。このひと手間が知識を強固なものにします。

STEP 2

基礎問題 「押さえておきたい6題」で正答率100％を目指す！

各章に，四択空所補充形式に特化した「押さえておきたい6題」を設けました。この6題は，とりこぼしのないように**必ず押さえておきたい基本問題**ばかりを精選しました。間違えた箇所は必ず復習し，**100％の知識の定着**を心がけましょう。スピーディーに基本事項だけおさらいしたい人は，この各章の6題を1冊通しで解いてみるのもおすすめです。

STEP 3

応用問題 ライバルに差をつけろ！ 応用問題で練習を積もう！

やや難度を上げた応用問題「差がつく○題」では，**入試即応の実戦力**を養うため，整序問題や下線部正誤判定問題などのさまざまな問題形式でトレーニングができるように編集されています。ここには，その章の知識定着にふさわしい題数（10〜15題）が収録されています。演習量をこなすことで文法知識は定着していくものです。さらに，基礎文法事項を使えるものにするためには，多くの例文に触れ，多くの用法に出会うことが必須です。ぜひ意欲的に取り組んでください。

STEP 4

「ランダム問題」で総仕上げ！

文法項目をシャッフルして30題の設問を掲載しています。1冊の学習内容がしっかり身に付いたかどうか，ここで確認してください。1問50秒目安で，ぜひ制限時間を意識しながら解いてみてください。間違った問題は該当する章に戻ってしっかり復習をしましょう。

本書で使用している記号一覧

Vpp	…………………… 動詞の過去分詞		S	………………………… 主語
/, [　]	………………… 言い換え		V	………………………… 動詞
(　　)	…………… 省略可		O, O₁, O₂	………… 目的語
×	…………………… 誤りを示す		C	………………………… 補語

Vpp …………………… 動詞の過去分詞

/, [　] ………………… 言い換え

(　　) …………… 省略可

× …………………… 誤りを示す

自 ………………… 自動詞

他 ………………… 他動詞

名 ………………… 名詞

形 ………………… 形容詞

副 ………………… 副詞

接 ………………… 接続詞

前 ………………… 前置詞

熟 ………………… 熟語

S ………………………… 主語

V ………………………… 動詞

O, O₁, O₂ ………… 目的語

C ………………………… 補語

S´, V´, O´, C´ ……… 節中などにおける文の要素

(V) ………………… 疑問文，倒置における be 動詞および助動詞

▢ ……………… 節を導く接続詞，関係詞など

7

志望大学別 出題分析と学習アドバイス

🎓 学習院大学

下線部正誤判定問題が中心

　文法問題としては空所補充問題に加え，下線部正誤判定問題も出題されます。各学部とも例年5題程度の出題がありますが，この形式の問題は，「数の一致」や「品詞の区別」といった文法の基本事項であっても，正誤を判定するとなると一気に難しくなるのが特徴です。正しい文法知識を活用して，下線部分の文法の適正さをしっかりと確認することが重要になります。

読解文中の空所補充では接続詞や接続副詞に注意

　200語程度の文章中の空所を補う問題の出題もあり，文法・語法の知識が問われることがあります。特にこの形式の問題では，接続詞や接続副詞の使い分けや比較表現の知識が問われることが多いのが特徴です。

👁 類題演習で文意を細部まで意識して解答する力を身につけましょう。

🎓 明治大学

文法問題は語彙・語法問題との混在型

　文法問題が単独で出題されることは一部の学部に限られ，出題されてもイディオムを含めた語彙・語法と混在した形での出題です。2つの短い英文に共通して入る語を選ぶ問題が出題されることもあります。前置詞の使い分けに関する知識の補強を怠らないように学習を進めましょう。

長文総合問題でも文法知識が必須

　長文総合問題では，英文中の空所に入れるべき適切な語句を選ぶという形やさらに語句整序の形式で文法知識が問われます。十分な基礎知識を前提とした，総合的な文法運用力が求められる出題と言えます。

👁 特に語法に関する知識の拡充を意識的に行っておくと効果的です。

🎓 青山学院大学

適語句選択問題の問題英文は長め

　文法問題には，純粋な文法知識を問う問題に加え，語法やイディオムに関する知識を問う問題も含まれます。いずれも基本的な問題ですが，学部によっては問題英文の長さが25語を超えることもあるため，文意を正確に読みとる力が求められます。

和文英訳，自由英作文でも文法力が鍵

　一部の学部で語句整序問題が出題されます。問われる文法事項は基本的なものですが，日本文が示されず，純粋に英文構築力が試される出題です。さらに，一部の学部では和文英訳や自由英作文が出題され，ここでも文法の基礎知識が求められます。

　🔱 文法問題の演習の際には，問題英文の意味を正確にとらえるよう心がけましょう。

🎓 立教大学

文法問題の語彙レベルが高い

　適語句選択問題で問われる文法事項は基本的なものですが，問題の英文中で用いられている語彙のレベルがやや高くなることがあり，文意をしっかり読みとる力が必要となります。下線部正誤判定問題が出題されることもありますが，問題英文が30語近くになることもあり，この場合は単純な文法知識だけではなく，表現や文意の自然さ，不自然さといった観点からの攻略も求められます。

読解文中の空所補充では文脈の正確な理解が必要

　200語程度の英文中での空所補充問題では語彙知識に加え，前置詞の使い分けや接続副詞の機能の違いなどが問われます。文章全体の流れを意識して，文法・語法の知識を駆使する力が求められます。

　🔱 文法知識の拡充と並行して，語彙力アップも進めていきましょう。

🎓 中央大学

語彙レベルの高さが特徴

適語句選択問題は，文法・語法・イディオムの問題が混在する形で出題されることが多いのが特徴です。問題英文は特に長くはありませんが，英文を構成する語彙のレベルが高いこともあり，問われている文法知識が何であるのかを意識しにくい問題もあります。学部によっては下線部正誤判定問題の出題があります。こちらも語彙レベルが高く，さらに問題英文が30語を超える長さのものもあり，受験生にとっては難しく思えるかもしれません。ただし，問われているのはほとんどが基本的な文法事項です。

語彙力と文法力を同時に問う出題もある

特徴的なのは，連立完成問題がオーソドックスな形式ではない点です。2つの英文が示され，一方の文中で用いられている語の語形を変化させて，もう一方の文の空所に文法的に適切な語を補充するという問題です。これは語彙力と文法力を同時に試していると言えるでしょう。なお，語句整序問題が出題される学部もありますが，並べ替え語数は6つ程度。問われる文法事項は基本的なもので，取り組みやすいでしょう。

👁 文法知識の応用力を高めるため，問題演習の反復に努めましょう。

🎓 法政大学

英文の意味を正確にとらえての解答が必要

一部の試験で短文空所補充問題が出題されます。基本的な文法知識に加え，語彙・語法に関する知識を組み合わせて問題英文の意味・内容をしっかりとつかんだうえでの解答が求められます。

読解文中では文法の応用力が求められる

長文総合問題の英文中に語句整序問題が含まれていたり，400語を超える長文中に空所補充選択問題が設けられるなど，文法知識を単純に問うのではなく，意味・内容を理解したうえでの文法の応用力が求められる問題が多いのが特徴です。

👁 読解問題の演習でも文法を意識した学習を行うと効果的です。

🎓 南山大学

適語句選択問題の多さが特徴

　適語句選択問題は文法・語法・イディオムの問題が混在する形で出題され，基本的な知識で対応可能な問題がほとんどです。しかし，問題数が20題に及ぶこともあり，素早く的確に解答できる実力が求められます。また，下線部正誤判定問題の出題もありますが，問われる文法知識は基本的なもののため，本書を利用した類題演習で十分に対策が可能です。

読解文中の空所補充では動詞の語法に注意

　150〜300語程度の英文中に設けられた空所を補う問題でも，文法や語法の知識が問われることがあります。基本動詞の語法や接続詞・接続副詞の使い分けが問われることが多いのが特徴です。なお，会話文中に設けられた空所補充問題でも，文法・語法の知識が必要となることがありますが，難易度はそれほど高くありません。

　◎ 繰り返し問題演習を行い，解答の速度と精度を高めることを意識しましょう。

🎓 関西外国語大学

正文選択問題では選択肢間の比較が必要

　文法問題は4つの文の中から文法・語法的に正しいものを選択するものが出題されます。問われる文法事項は基本的なものがほとんどですが，一部に，文意を正確にとらえたうえで，語の用法の誤りを発見する必要のある問題が設けられることもあり，注意が必要です。特に，似通った表現を含む英文が並ぶので，選択肢相互の違いを見抜く力が重要です。

長文総合問題でも文法知識が必要

　長文総合問題では，英文の空所に入れるべき接続詞や前置詞を選ぶ問題が出題されることがあります。文脈を正確にとらえたうえで文法知識を応用する柔軟性が必要です。

　◎ 文法の基本を確認したら，下線部正誤判定問題で応用力を高めましょう。

1 時制・態

この章では，時制と態，それぞれについて使い分けをしっかりと習得しましょう。私立上位レベルになるとわずかな表現の違いによる微妙な意味の相違まで意識を向けて学習していくことが重要です。

✓Check 1 状態動詞の進行形

次の文の空所に最も適切なものを選んで入れよ。
You ☐ such a nice boy today. What have you done wrong?
① being　② are being　③ be　④ would be　　　　　（宮崎大）

正解 ②

解説 be動詞を進行形で用いると，「（いつもとは違って）一時的に〜である」というニュアンスが示されます。よって，② **are being** が正解です。

和訳 おまえは今日はとてもいい子にしているね。どんな悪いことをやったのかい？

■ 状態動詞と進行形

状態動詞はふつう進行形では用いませんが，あえて用いることで，「一時的に〜である」という意味が表現されます。

・私は祖母と一緒に暮らしている。

I live with my grandmother.　　　　　　　　　　「ふだん」の意味なので現在形です。

・私は両親が海外にいる間，祖母と一緒に暮らしている。

「一時的に」の意味なので現在進行形です。

I *am living* with my grandmother while my parents are abroad.

・He is tall. 彼は背が高い。

He *is being* tall.　　　　　「背が高い」ことが一時的である状況はふつうないので，不自然な文です。ただし，SF小説などで背の高さを自在に変化できる人物だとしたら可能な文です。

✓Check 2 by 以外の前置詞を用いる受動態

次の文の空所に最も適切なものを選んで入れよ。
He was ☐ in a book and didn't seem to hear me.
① absorbed　② considered　③ estimated　④ obtained　　　　　（獨協大）

正解 ①

解説 他動詞 absorb には「〜を夢中にさせる」という意味がありますが，それを受

未来完了（進行）形（p.14 押さえておきたい 6 題：1 参照）や，過去形や現在完了形と過去完了形の使い分け（p.16 差がつく 15 題：1・7 参照）は頻出です。さらに，現在形と現在進行形の区別（☑Check **1**，p.16, p.18 差がつく 15 題：2・10 参照）もよく問われます。

動態にした **be absorbed in ～** で「～に夢中になっている」という意味になります。前置詞が by ではなく，in であることに注意します。

和訳 彼は本に夢中になっていて，私の声が聞こえなかったようだ。

■ by 以外の前置詞を用いる受動態

受動態の〈be＋Vpp〉に後続する前置詞句は用いられている動詞の語法によって決まります。特に〈他動詞＋O＋前置詞句〉となる動詞の語法に要注意です。

・The playground *was covered* **with**[**in**] snow.
運動場は雪に覆われていた。 　〈cover＋O＋with[in] ～〉：～で O を覆う

・He *was* not *involved* **in** the crime.
彼はその犯罪にかかわっていなかった。 　〈involve＋O＋in ～〉：O を～に巻き込む

・The hall *was filled* **with** smoke.
ホールは煙に満ちていた。 　〈fill＋O＋with ～〉：～で O を満たす

☑Check **3** 〈need＋*doing*〉

次の文の空所に最も適切なものを選んで入れよ。
Most people agree that our pension system is broken and needs ☐.
① fix　② fixed　③ fixing　④ fixture　　　　　　　　　　（立教大）

正解 ③

解説 〈S＋need＋*doing*〉で「S は do される必要がある」という意味になります。よって，③ **fixing** が正解です。この構文では *doing* の目的語が文の主語になり，能動の形でも受動の意味関係になります。

和訳 ほとんどの人は我々の年金制度は破たんしていて，修復が必要だということで意見が一致している。

■ 〈need＋*doing*〉と〈need to be＋Vpp〉

〈need＋*doing*〉は〈need to be＋Vpp〉に相当します。
私の自転車は修理が必要だ。 　　　　他動詞 repair の目的語が文の主語
My bike **needs** *repairing*. 　　　　になっている点に注意します。
= My bike **needs** to be repaired. / I need to **get** my bike *repaired*.

13

次の文の空所に最も適切なものを選んで入れよ。

1 Hiroshi: How much longer are you planning to keep on studying?
Hannah: Until 1:00 A.M. By then, I ⬚ for eight hours.

① will have been studying ② will be studying
③ have studied ④ had studied （明治大）

2 Can I ask you to lend me the magazine when you ⬚ reading it?

① finished ② have finished
③ will finish ④ will have finished （青山学院大）

3 Magnum Plus cameras ⬚ very popular right now because they are so easy to use.

① became ② are becoming ③ to become ④ becomes （青山学院大）

4 My teacher advised me to review past questions before ⬚ the test.

① to take ② taking ③ taken ④ I will take （学習院大）

5 It's been a long time since I saw you last! What ⬚ all these years?

① are you doing ② do you do
③ have you been doing ④ have you been done （中央大）

6 The road is under construction until next month because the new water system ⬚.

① are installing ② is being installed
③ is installing ④ was to be installed （慶應義塾大）

14

1 **①**

▶「1時まで」という未来のことについて，**By then**「そのときまでには」という**期限**を示しているので，その時点まで継続している動作を表す**未来完了進行形**の **① will have been studying** が適切です。

和訳 ヒロシ：あとどれくらい長く勉強を続けようと考えているの？

ハンナ：午前1時までよ。そのときには，8時間勉強し続けたことになるわ。

2 **②**

▶ 接続詞 when が導く**時の副詞節中**なので，未来の意味でも助動詞 will は用いません。ここでは，未来の完了の意味で現在完了形の **② have finished** が正解です。

和訳 その雑誌を読み終えたら，貸してもらえますか？

3 **②**

▶ right now「まさに今」や because 以下の時制から**現在**のことが話題になっているとわかりますが，④ becomes は主語と数が一致しないので，不適切です。**現在進行形**の **② are becoming** が正しいと判断します。

和訳 マグナム・プラスカメラはとても使いやすいので，今まさに非常に人気になりつつある。

4 **②**

▶ ここでは，before を**前置詞**と判断し，その目的語になる動名詞の **② taking** が正解です。なお，before が接続詞であれば，時の副詞節を導き，未来の意味での will は用いられないので，④ I will take は不適切です。

和訳 先生は試験を受ける前に過去問を見直すようにと私にアドバイスしてくれた。

5 **③**

▶ 最初の文の It's been で**現在完了形**が用いられていることがわかり，さらに，空所後に all these years「この数年間ずっと」と期間を示す語句があることから，**③ have you been doing** の**現在完了進行形**が適切です。

和訳 最後に会ってからずいぶんとたったね。この数年ずっと何をしてたの？

6 **②**

▶ 最初の節で is が用いられている点から現在時制が適切であると判断できます。また，install は他動詞で，空所後に目的語となる名詞がないことから，受動態になると判断し，**受動態の進行形**である **② is being installed** を選びます。

語句 under construction 熟「工事中で」，install 他「～を設置する」

和訳 新しい水道が敷設されているところなので，道路は来月まで工事中だ。

差がつく 15 題

1〜5：次の文の空所に最も適切なものを選んで入れよ。

1 I wonder why she always seemed so tired last year. Maybe she
[   ] been working too hard.

    ① would have   ② should have   ③ has   ④ had

（明治大）

2 Rats have been widely used in medical research because they
[   ] a number of <u>traits</u> with humans.

    ① are sharing   ② have shared   ③ shared   ④ share

（法政大）

3 It would be better if the project were completed before we [   ]
for the holidays.

    ① break   ② will break   ③ had broken
    ④ have been broken   ⑤ were breaking

（北里大）

4 What [   ] for the company to survive is <u>practical</u> effort to
simplify its organization.

    ① had <u>required</u>   ② has required   ③ is required
    ④ is requiring   ⑤ required

（明治学院大）

5 This <u>evidence</u> <u>indicates</u> that the governor is [   ] in the scandal.

    ① attended   ② involved   ③ determined
    ④ obsessed   ⑤ elected

（中央大）

1 ④

▶ 最初の文の last year から，明らかに過去のことについて述べており，第2文では，その過去の事柄の原因となったことについて言及しているので，**過去完了形**を作る ④ **had** が適切です。① would have「〜だっただろう」は，仮定法過去完了の帰結節の形になりますが，この文には仮定の条件は含まれていないので不適切です。② should have は「〜すべきだった（のにしなかった）」という意味になるので，ここでは不自然です。

和訳 なぜ彼女は去年いつもあんなに疲れているように見えたのかな。たぶん，働きすぎていたのだろうな。

2 ④

▶ まず主節で現在完了形が用いられており，**現在の時点**でのことが語られている点を確認します。次に動詞 share は「〜を共有している」という**状態動詞**なので，①の進行形にすると一時性が出てしまうため，**現在形**が適切であると判断し，④ **share** が正解となります。

和訳 医学の研究ではラットが広く使われてきたが，それはラットが人間と多くの特徴を共有しているからだ。

3 ①

▶ before より前の部分で仮定法過去形が用いられていますが，before 以下は「（実際に）〜する前に」という**直説法の時の副詞節**になるので，未来の意味でも**現在形**が適切です。よって，① **break** が正解になります。

和訳 私たちが休暇に入る前にプロジェクトが完了しているとよりよいのだが。

4 ③

▶ 文頭の What から survive までが文全体の主語となる名詞節です。入れるべき動詞 require は他動詞で，**能動態の場合に目的語がないのは不適切**なので，受動態の ③ **is required** が正解になります。なお，空所後の for the company は to 不定詞 to survive の意味上の主語となっています。

和訳 企業が生き残るために求められることは，その組織を単純化するための実践的な努力である。

5 ②

▶ 空所の後の in the scandal で，前置詞 in が用いられている点に着目します。**be involved in 〜** で「〜に関係している」という意味になるので，② **involved** が正解です。

和訳 この証拠は知事がスキャンダルにかかわっていることを示している。

6〜15：下線部のうち，誤りを含むものを選べ。

6 If I don't ①get there by six o'clock, my friend ②would be furious because she ③hates to ④be kept waiting.

（学習院大）

7 It came ①as a shock for the elderly professor ②to realize that his students ③have stopped laughing at his old jokes in his lecture ④years ago.

（学習院大）

8 As long ①ago as the twelfth century, German alchemists ②have perfected techniques ③for refining precious metals ④from other ores.

（慶應義塾大）

9 People ①are living longer, healthier ②lives, ③yet many of the health problems they face could ④avoid with appropriate prevention or treatment.

（学習院大）

10 Tony ①goes to see his parents ②on Sundays and he usually ③is taking them out ④to a nearby restaurant for lunch.

（学習院大）

6 ② would be → will be

▶ 条件の if 節中で don't get という**直説法の現在時制**になっている点に注目します。条件の副詞節中では，未来の意味で現在時制が用いられるので，主節は未来になり，さらに仮定法ではないところから②内の would を **will** に直す必要があります。

[和訳] 私が 6 時までにそこに着かないと，友人はすごく怒るだろうが，それは彼女が待たされるのが嫌いだからだ。

7 ③ have stopped →（had）stopped

▶ **came as a shock**「ショックだった」から過去のことを述べているとわかります。文末の years ago「何年も前に」より，that 節の内容は**さらに以前の過去の時点についての言及**だと判断できるので，現在完了形の ③ have stopped ではなく，**過去完了形の had stopped**，または過去形の **stopped** にする必要があります。なお，years ago は漠然とした過去を表す表現なので完了形とともに用いられることがあります。

[和訳] 年配の教授は，彼の学生たちがもう何年も前から彼が講義中に話す古い冗談を笑わなくなっていたということに気づいてショックだった。

8 ② have → 削除

▶ **long ago**「はるか昔に」という**過去の特定の時点を示す副詞**があるので，現在完了形は用いることができず，**過去時制**にする必要があります。よって，② have を削除する必要があります。 [語句] refine 他「〜を精製する」，precious 形「貴重な」

[和訳] 12 世紀もの昔に，ドイツの錬金術師たちがほかの鉱物から貴金属を精製する技法を完成させた。

9 ④ avoid → be avoided

▶ avoid「〜を避ける」は他動詞なので，**目的語がないのは明らかに不適切**です。ここでは，意味上，**④の avoid の目的語が節の主語**になっているので，be avoided という受動態に直します。

[和訳] 人々はますます長く健康な生活を送っているが，それでも適切な予防と治療がなされれば人々が直面する健康問題の多くは避けることができるだろう。

10 ③ is taking → takes

▶ 最初の節で goes という現在時制が用いられていて，**ふだんの習慣**が意味されているので，一時性を示す ③ is taking という進行形ではなく，**現在形の takes** に直します。

[和訳] トニーは日曜ごとに両親に会いに行き，いつも昼食に両親を近所のレストランに連れ出す。

11 At the end of July, the famous chef will close a restaurant ①that ②has repeatedly voted the world's best and ③that ④receives about two million booking requests a year.

（中央大）

12 It is ①believed that the Earth's average temperature ②has been risen by 0.6℃ since 1880 ③because of emissions of greenhouse gases ④from human activity.

（学習院大）

13 For two years the play ①has been performed continuously ②at a small theater in New York, but then was ③turned into a Hollywood movie, ④appealing to audiences worldwide.

（中央大）

14 ①When he retires, Professor Jones ②will be teaching here for ③over thirty years, but he ④has never cancelled a class.

（明治大）

15 About 70 percent of caregivers are ①told to experience back ②pains due to ③constantly lifting the ④elderly between beds and wheelchairs and ⑤performing other daily activities.

（立教大）

11　② has repeatedly voted → has **been** repeatedly voted

▶ vote は他動詞で〈vote＋O＋（as）＋C〉「投票でOをCに選ぶ」という用法があります。ここでは the world's best がCに相当しますが，目的語がないので，受動態に直す必要があります。よって，②を **has been repeatedly voted** にします。

和訳 ７月末に，その有名なシェフはたびたび投票で世界一に選ばれ，１年におよそ200万件の予約の依頼を受けているレストランを閉店するだろう。

12　② has been risen → has **risen**

▶ **risen は自動詞 rise の過去分詞形**なので，受動態にはできません。よって，②は能動態の完了形が適切なので，been を削除し，**has risen** に直します。

和訳 人間の活動から生じる温暖化ガスの排出のせいで，地球の平均気温が1880年以降0.6℃上昇してきていると考えられている。

13　① has been performed → **had** been performed

▶ but 以下で was turned という**過去時制**が示されているので，その時よりも前の２年間ということから，①は現在完了形では不適切です。よって，**過去完了形の had been performed** にする必要があります。

和訳 その劇は２年間継続してニューヨークの小さな劇場で公演されていたが，その後，ハリウッド映画に作り変えられ，世界中の観客を魅了した。

14　② will be teaching → will **have been** teaching

▶ ① When he retires「彼が退職するときには」が時の副詞節で未来の特定時点について述べている点から，②は未来進行形では不十分です。**will have been teaching** という**未来完了進行形**にする必要があります。

和訳 ジョーンズ教授が退職するときには，彼は30年以上ここで教えていたことになるだろうが，彼はこれまで一度も授業を休講にしたことはない。

15　① told → **said**

▶ be told to *do* だと〈tell＋O＋to *do*〉「Oに do するように言う」の受動態なので，文意が成立しません。ここでは〈S＋is said to *do*〉「Sは do すると言われている」を用いるのが適切なので，① told を **said** に変える必要があります。

和訳 介護職員の約70パーセントが，絶えずベッドと車いすの間を老人を抱え上げて移動させたり，その他の日常の活動を行っているために腰痛を経験していると言われている。

2 助動詞・仮定法

　この章では，助動詞と仮定法の使い方に関する知識を完成させましょう。特に，助動詞については，慣用的な用法に注意し，仮定法については，直説法との使い分けをしっかりと理解しましょう。

✔Check 1 表される時間の異なる仮定法

次の文の空所に最も適切なものを選んで入れよ。

If I _____ the seminar last year, I would be able to speak English more fluently now.

① had attended ② have attended
③ should have attended ④ were attending （立教大）

正解 ①

解説 コンマ後で would be という仮定法過去の帰結節の形になっていますが，if節中に last year という過去を示す副詞があり，条件節中は過去の事柄に関する仮定になります。よって ① **had attended** で仮定法過去完了が正解です。

和訳 もし私が去年そのセミナーに出席していたら，今ごろもっと英語を流ちょうに話すことができるだろう。

■ 注意すべき仮定法の示す時間

　条件節と帰結節で仮定法の表す時間が異なる場合があります。それぞれの節で時間を示す副詞の有無に注意し，慎重に判断する必要があります。

〈仮定法過去完了＋仮定法過去〉

If he ***had*** not ***been*** injured last year, he **could take** part in the game today.
= As he ***was*** injured last year, he **cannot take** part in the game today.
もし去年彼はけがをしていなかったならば，今日の試合に参加できるのに。

✔Check 2 that節中の仮定法現在

下線部のうち，誤りを含むものを選べ。

The manager requested that ①all the personnel in the sales department ②attended the meeting ③analyzing this year's ④marketing strategies. （明治大）

正解 ② **attended → (should) attend**

解説 動詞 requested の目的語になり，**要求の内容を示す that節**中なので，動詞は原形（仮定法現在）または〈should ＋ 動詞の原形〉になります。よって，② attended を **attend** または **should attend** に直します。

和訳 部長は，今年の市場戦略を分析する会議に販売部門の全社員が出席するように求めた。

■ that 節中の仮定法現在

提案・要求・命令などの意味の動詞や形容詞と共に用いられ，その内容を伝える that 節中では，仮定法現在となるので動詞の原形が用いられます。現在形ではないので３人称単数現在の -s はつかず，また，一般動詞の否定形を作る助動詞も用いられません。なお，イギリス英語では〈should＋原形〉の形になることもあります。

He **suggested** *that* she **be** there.
　　彼は彼女がそこにいるべきだと提案した。

> is や was は用いない。

John **proposed** *that* she not **sell** her house.
　　ジョンは彼女が家を売るべきではないと提案した。

> doesn't や didn't は用いない。

It is **essential** *that* Bill **attend** the meeting.
　　ビルが会議に出席することが極めて重要だ。

> It は後ろの that 節を指す
> 形式主語。

☑Check 3　倒置による if の省略

次の文の空所に最も適切なものを選んで入れよ。
　　　　　　you wish to know more about our courses, please feel free to contact us.
① Could　　② May　　③ Should　　④ Would　　　　　　　（関西学院大）

正解 ③

解説 コンマ以下が（please）feel で命令文になっている点に注意します。should を用いた仮定の場合，帰結節が命令文になることもあるので，③ **Should** が正解です。ここでは，If you ～, の if が省略されたことによる倒置になっています。

和訳 コースについてもっと知りたいと思われたら，遠慮なく私たちに連絡してください。

■ 倒置を含む仮定表現

倒置を含む仮定表現を整理しておきましょう。

Were it not for water, nothing could live.
　　水がなければ，何ものも生きることはできない。

Had it not been for your help, I would have failed.
　　君の助けがなかったら，私は失敗していただろう。

Were the sun **to rise** in the west, I would not break my word.
　　たとえ太陽が西から昇っても，私は約束を破らない。

次の文の空所に最も適切なものを選んで入れよ。

1 He ⬚ be over sixty; he must still be in his forties.

① can't ② may ③ must ④ shall

（関西学院大）

2 He would have come ⬚ he been invited.

① if ② had ③ should ④ when

（成城大）

3 ⬚ I had studied English much harder when I was young!

① How ② If only ③ What if ④ Wishing

（成城大）

4 My parents gave me the money. ⬚, I couldn't have afforded the trip.

① Otherwise ② Nevertheless
③ For this ④ Therefore

（成城大）

5 The government would have succeeded in hiding the riots in the capital from the rest of the country, ⬚ social media.

① had it been for ② had it not been for
③ would it be for ④ would it not be for

（中央大）

6 ⬚ you asked me what was going on, I would have told you the whole story.

① If ② Had ③ Having ④ Supposing

（中央大）

24

1　①

▶ セミコロン (;) の後で「40代にちがいない」とあるので，「〜のはずがない」と**可能性を否定**する ① **can't** が正解です。②〜④はいずれも文意が不自然になります。

和訳 彼は60歳を超えているはずがない。まだ40代にちがいない。

2　②

▶ まず空所前に仮定法過去完了形の帰結節の形がある一方，空所後では過去完了形の助動詞 had がないことから，if he had been invited の **if が省略**されて**倒置**が起きていると判断します。よって，② **had** が正解になります。

和訳 もし招待されていたら，彼は来ただろう。

3　②

▶〈**if only ＋ 仮定法過去完了**〉で「〜さえしておけばよかったのになあ」という過去の実現しなかったことに関する願望を表すので，② **If only** が正解です。

和訳 若いうちにもっとずっと一生懸命に英語を勉強しておけばよかったなあ。

4　①

▶ 最初の文で「お金をくれた」という事実が示されているので，その事実に反する「お金をくれなかったら」（If my parents hadn't given me the money）を想定し，「そうでなければ」という意味の副詞の ① **Otherwise** を選びます。

和訳 両親は私にお金をくれた。そうでなければ，私は旅行に行くお金がなかっただろう。

5　②

▶ 最初の節で would have succeeded と仮定法過去完了の帰結節の形が示されているので，過去の事実に反する表現 if it had not been for 〜「〜がなかったならば」の **if を省略して倒置**にした形の ② **had it not been for** が正解です。

和訳 もしソーシャルメディアがなかったならば，政府は首都での暴動を国のほかの地域には
　　 うまく隠せていただろう。

6　②

▶ ① If を入れると，条件節は仮定法過去になり，現在の事実に反する仮定になりますが，ここでは，帰結節が would have told と仮定法過去完了になっているので意味が整合しません。よって，**If you had asked me** の **if が省略**されて**倒置**になった**仮定法過去完了**と判断し，② **Had** が正解です。

和訳 何が起こっていたかを尋ねてくれていたら，君に話を全部伝えていただろう。

1〜5：次の文の空所に最も適切なものを選んで入れよ。

1 Too bad it's already been completed. I would ⬚ watching you paint it stroke by stroke.

    ① have liked   ② have missed
    ③ like to enjoy   ④ like to have

（青山学院大）

2 Some investors are worried by the news, but they ⬚ be.

    ① couldn't   ② hadn't   ③ mightn't   ④ shouldn't

（青山学院大）

3 How I wish I ⬚ for the program before I chose the job I am doing now!

    ① had applied   ② have applied
    ③ would apply   ④ can apply

（関西学院大）

4 The horse stopped and ⬚ move an inch.

    ① shouldn't   ② dare   ③ ought   ④ wouldn't

（獨協大）

5 Taro ⬚ there yesterday, but nobody saw him.

    ① might be   ② might have been
    ③ must have to be   ④ should be

（関西学院大）

1 　①

▶ 第1文で「すでに完成していた」と述べられているので，第2文は「もし完成していなかったなら」（＝ if it had not been completed）という仮定条件が含意されていると考え，その帰結節として**仮定法過去完了**の文を用いるのが適切です。② would have missed「（〜し）そこなっただろう」では，現実には「（〜し）そこなっていない」ことになるので，① **would have liked**「（〜するのを）**好んだ**だろう」が正解です。

和訳 もうそれが完成してしまったなんてたいへん残念だ。私はあなたがそれを一筆一筆描くのを見たかった。

2 　④

▶ コンマより前で are worried「心配している」という現在の事実が示され，それに後続する部分なので，be の後ろには worried が省略されていると判断できます。そのため，ここでは文の意味から ④ **shouldn't** が適切です。

和訳 投資家の中にはそのニュースで心配している者もいるが，心配すべきではない。

3 　①

▶ 〈**How I wish ＋ S ＋ 仮定法**〉で**願望**を表す表現になりますが，過去の非現実に関する願望を述べる場合には，仮定法過去完了を用います。この文では，before I chose から過去の事柄に言及していることが明らかなので，① **had applied** が正解です。

和訳 今私がやっている仕事を選ぶ前に，そのプログラムに応募していたらなあ。

4 　④

▶ 助動詞 **would の否定**には**過去の強い拒絶**を表す意味があります。よって，④ **wouldn't** が正解になります。

和訳 馬は立ち止まり，少しも動こうとはしなかった。

5 　②

▶ but 以下の nobody saw him から過去の出来事について述べている文だと判断します。〈**might ＋ have Vpp**〉で「**〜だったかもしれない**」という過去の事柄に関する推量になるので，② **might have been** が正解です。〈may ＋ have Vpp〉でも「〜だったかもしれない」という過去の意味が表せます。① might be は助動詞 may の過去形が用いられていても，意味が過去にはならずに，may と同じ推量「〜かもしれない」を表す点に注意が必要です。

和訳 タロウは昨日そこにいたのかもしれないが，だれも彼のことを見なかった。

6～10：与えられた語句を並べ替えて，文を完成させよ。

6 彼女はもう礼儀作法を知っていてもよいころだ。

It ☐ ☐ ☐ ☐ ☐ ☐ ☐ herself.

① how ② is ③ time ④ knew
⑤ behave ⑥ she ⑦ to ⑧ high （中央大）

7 この時期にしては暖かすぎる。

The weather ☐ ☐ ☐ ☐ ☐ ☐ ☐ ☐ this time of the year. （1語不要）

① be ② compared ③ for ④ is ⑤ it
⑥ ought ⑦ than ⑧ to ⑨ warmer

（東京理科大）

8 I ☐ ☐ ☐ ☐ ☐ as join in a package tour.

① as ② at ③ home ④ stay ⑤ might ⑥ well

（獨協大）

9 もし核戦争が起こったら，人類の破滅は避けられないだろう。

The destruction ☐ ☐ ☐ ☐ ☐ ☐ ☐ ☐ ☐ ☐ to break out.

① a ② be ③ if ④ inevitable ⑤ mankind
⑥ nuclear ⑦ of ⑧ war ⑨ were ⑩ would

（青山学院大）

10 Dan ☐ ☐ ☐ with ☐ ☐ ☐ the matter.

① argue ② dared ③ about ④ his
⑤ not ⑥ wife

（獨協大）

28

6 ②⑧③⑥④①⑦⑤　It <u>is</u> <u>high time</u> <u>she</u> <u>knew</u> <u>how to behave</u> herself.
　　　　　　　　　　　S　V　　C　　　S′　V′　　　O

▶ 〈It is（high）time＋S＋仮定法過去〉で「もうそろそろ～してもよいころだ」という意味が表現できます。よって，主語 It の後に，is high time（②⑧③）を置き，後続の節で仮定法過去の she knew（⑥④）として，knew の目的語に〈疑問詞＋to不定詞〉の how to behave（①⑦⑤）を続けます。　**語句** behave *one*self 熟「行儀よくする」

7 ④⑨⑦⑤⑥⑧①③　The weather <u>is</u> <u>warmer</u> <u>than</u> <u>it</u> <u>ought to be</u> for
　　　　　　　　　　　　　　　　　S　　V　　C　　　　　S′　　V′
this time of the year.〔不要語：② compared〕

▶ まず「より暖かい」と考え，is warmer than（④⑨⑦）を置き，than 以下で「そうあるべき（よりも）」という意味になるように，it ought to be（⑤⑥⑧①）を続けます。最後に「～にしては，～のわりに」の前置詞 ③ for を入れて完成です。なお，be の後ろには補語の warm が省略されていると考えます。

8 ⑤①⑥④②③　I **might as well stay at home** as join in a package tour.

▶ **may［might］as well ～ as ...** で「…するくらいなら～したほうがましだ」の意味になるので，まず might as well（⑤①⑥）を置き，その後に stay at home（④②③）とします。

和訳 私はパック旅行に参加するくらいなら家にいたほうがましだ。

9 ⑦⑤⑩②④③①⑥⑧⑨　The destruction **of mankind would be**
inevitable if a nuclear war were to break out.

▶ まず destruction の後に of mankind（⑦⑤）を置いて主語とし，would be inevitable（⑩②④）で仮定法過去の帰結節を作ります。条件節では〈**if S＋were to do**〉「仮に～だとしたら」を利用し，if a nuclear war were（③①⑥⑧⑨）で完成です。

差がつくポイント　助動詞 dare

10 ②⑤①／④⑥③　Dan **dared not argue** with **his wife about** the matter.

▶ 助動詞 dare の過去形があるので，dared not argue（②⑤①）がまず入ります。そして with の目的語に his wife（④⑥）を置き，最後に the matter を導く「～について」の意の前置詞 ③ about を入れて完成です。

和訳 ダンはその問題について妻とあえて議論しなかった。

● 助動詞 dare の用法：疑問文・否定文でたいてい用います。

　I **dare** *not criticize* my boss.　私はあえて上司を批判したりはしない。

11〜15：下線部のうち，誤りを含むものを選べ。

11 Scientists ①conclude that the universe must once, very long ago, ②be extremely compact and dense, ③until an explosion or a similar event caused the matter ④to spread out.

（学習院大）

12 If he ①hadn't reacted ②so quickly, Chad would certainly have ③stepped on the kitten and ④kill it.

（青山学院大）

13 I ①should have changed that stupid lock if I ②had known for just one second that you ③came back ④to bother me.

（明治大）

14 Part of our loss of ①a closely-knit community may be explained by the simple fact that we ②don't put down deep roots as individuals and families because we ③don't stay in the same area the way we ④are used to.

（中央大）

15 If a European person ①from the Middle Ages ②is somehow magically transported to ③the early 1700s, she would see people living and working in familiar ④ways.

（学習院大）

11 ② be → **have been**

▶ ②は **must** <u>be</u> で「今～であるにちがいない」という**現在の状態に関する確信**になります。ここでは，until ... caused から明らかに過去のことに言及しているので，**must** <u>have been</u>「～であったにちがいない」とする必要があります。

語句 dense 形「濃い」，explosion 名「爆発」

和訳 科学者たちの結論では，爆発あるいはそれに似た出来事が物質を拡散させるまで，宇宙はかつて，はるか以前には非常にコンパクトで密度が濃かったにちがいないということである。

12 ④ kill it → **killed it**

▶ 文脈から ④ kill it も**仮定法過去完了**の帰結節内の一部と考えられるので，助動詞 have に続く形である Vpp の **killed** に直す必要があります。

和訳 もしそんなに素早く反応していなかったら，チャドは間違いなく子猫を踏みつけて殺してしまっていただろう。

13 ③ came → **would come**

▶ ③は came だと「君は（習慣的に）私の邪魔をするために戻ってくる」という不自然な意味になってしまいます。この文では had known の時点で「君が戻ってくるだろう」と推測していると考えるのが自然なので，came は **would come** にする必要があります。

和訳 君が戻ってきて私の邪魔をするとちょっとでもわかっていたなら，そのいまいましい錠を取り換えておくべきだった。

14 ④ are used to → **used to**

▶ the way we are used to では「我々が慣れているやり方」という意味になりますが，時制が現在では不適切です。文意からも，④を **used to**「よく～したものだった」に変える必要があります。

和訳 結束の強い共同体を我々が失ったことの一部は，我々がかつてのように同じ地域にとどまっていないため，個人や家族として深く根を下ろしていないという単純な事実によって説明できるかもしれない。

15 ② is → **were**

▶ if節中では直説法，仮定法のいずれも可能ですが，この問題では「中世のヨーロッパ人が1700年代初頭に運ばれたら」という現実として不可能な仮定なので，仮定法を用いる必要があります。よって，② is を**仮定法過去**の **were** に直します。

和訳 中世ヨーロッパの人が何か魔法のように1700年代初頭に運ばれたとしたら，その人は人々がなじみのある仕方で生活したり働いていたりするのを目にするだろう。

3 準動詞

> 不定詞・動名詞・分詞の３つをまとめて準動詞と呼びますが，この章では準動詞の用法に関する知識の発展・応用を目指しましょう。特に準動詞相互の意味や特性の違いをしっかりと意識した学習が求められます。

☑Check 1 〈be＋to不定詞〉

次の文の空所に最も適切なものを選んで入れよ。
On the last day of the festival this year, a violin concert ☐ held at this hall.
① has been　② is to be　③ was to have　④ had to　　　（獨協大）

正解 ②

解説 〈be＋to不定詞〉で**予定**の意味が表されます。よって，② **is to be** が正解です。

和訳 今年の祭りの最終日に，このホールでバイオリンのコンサートが開かれる予定だ。

■ 〈be＋to不定詞〉の意味

to不定詞は基本的に述語動詞が表す時間よりも未来を志向しますが，〈be＋to do〉の意味は文脈により決まります。

Jane *is to be* married in June.	ジェーンは６月に結婚の予定だ。	〔予定〕
You *are to get* home by 5 o'clock.	５時までに帰ってきなさい。	〔義務・命令〕
No one *was to be* seen there.	そこにはだれも見当たらなかった。	〔可能〕
He *was* never *to return* home.	彼は二度と家に戻ることはなかった。	〔運命〕

☑Check 2 〈get＋O＋to不定詞〉

次の文の空所に最も適切なものを選んで入れよ。
I got my elder brother ☐ my English application to the American college.
① correct　② corrected　③ have corrected　④ to correct　（学習院大）

正解 ④

解説 〈get＋O＋to do〉で「Oにdoしてもらう［させる］」という意味が表現できます。よって，④ **to correct** が正解です。

和訳 私はアメリカの大学に出す英語の願書を兄に直してもらった。

■ 〈get＋O＋C〉（*doing*／*done*／*to do*）

〈S＋V＋O＋C〉の形で用いる get の用法には注意が必要です。「OがCの状態

不定詞と動名詞の区別（☑Check 3 など参照），現在分詞と過去分詞の区別（p.38 差がつく 15 題：8 など参照）を基本に，〈be＋to不定詞〉の用法（☑Check 1 参照）やさまざまな慣用表現（p.34 押さえておきたい 6 題：5 など参照）も出題されます。

を手にする」という文字どおりの意味を基本に考えるとよいでしょう。また，have と異なり，〈get＋O＋動詞の原形〉という用法はないので注意しましょう。

I **got** the machine *running*.

　　私はその機械を始動させた。　　〔機械が動いている状態を手に入れた〕

She **got** her handbag *stolen*.

　　彼女はハンドバッグを盗まれた。〔ハンドバッグが盗まれた状態を手に入れた〕

She **got** her husband *to wash* the dishes.

　　彼女は夫に皿洗いをさせた。　　〔夫が皿洗いをする状態を手に入れた〕

☑Check 3　〈前置詞 to＋動名詞〉の慣用表現

次の文の空所に最も適切なものを選んで入れよ。

She devoted herself to _____ for poor people.

① caring　　② care　　③ be caring　　④ have cared　　　　　　（中央大）

正解 ①

解説 〈devote *oneself* to＋*do*ing〉で「do することに専念する［打ち込む］」という意味になります。to の後が不定詞ではなく，動名詞であることに注意します。

和訳 彼女は貧しい人々の世話に打ち込んだ。

■ 〈前置詞 to＋動名詞〉の重要表現

I'm not *accustomed to* **driving**.

　　私は運転に慣れていない。

> be accustomed［used］to *do*ing：
> ～するのに慣れている

He *objected to* **going** back.

　　彼は引き返すことに反対した。

> object to *do*ing：～するのに反対する

She is the best *when it comes to* **getting** the job done.

　　その仕事を終わらせることに関しては，彼女は最高だ。

> when it comes to *do*ing：～することになると［関しては］

What do you say to **taking** a break?

　　一休みしませんか？

> What do you say to *do*ing?：
> ～してはどうですか，～しませんか

33

次の文の空所に最も適切なものを選んで入れよ。

1 The Gulf of Mexico oil spill was changing the marine food web by killing some creatures and causing the growth of others [   ] to the dirty environment.

    ① less suited   ② more suited   ③ suit less   ④ suit more

（甲南大）

2 [   ] breaking into the house, the burglar went straight to the main bedroom.

    ① At   ② During   ③ Upon   ④ When   （青山学院大）

3 The TV program is worth [   ].

    ① watching   ② of watching   ③ watched
    ④ to watch   ⑤ to have watched   （法政大）

4 Singing's influence was not limited to [   ] unify meetings in rural black communities.

    ① help   ② helping   ③ help to   ④ helping with

（青山学院大）

5 Although we can communicate more easily than ever before, we still have [   ] understanding and respecting one another.

    ① more   ② much   ③ pleasure   ④ trouble

（学習院大）

6 By the spring of 1969, the administration had made a commitment to a black studies program and to [   ] more black students.

    ① admission   ② admitting
    ③ be admitted   ④ have admitted   （青山学院大）

1　**②**

▶ 空所後全体が others を修飾する形になるので，**分詞形容詞**が必要です。ここでは，oil spill によって環境悪化が引き起こされ，それに「より適合した」という意味が適切なので，**② more suited** が正解です。　**語句** spill 名「流出」

和訳 メキシコ湾の原油漏れは一部の生物を殺し，汚染された環境により適合したほかの生物の成長を引き起こすことで海の食物網を変化させていた。

2　**③**

▶ 〈**on**[**upon**] **+ doing**〉で「〜すると[すぐに]」という意味になります。よって，**③ Upon** が正解です。　**語句** break into 〜 熟「〜に侵入する」，burglar 名「強盗」

和訳 家に押し入るとすぐに，強盗は主寝室に真っすぐ向かった。

3　**①**

▶ 〈**S + be + worth + doing**〉で「**S** は **do** する価値がある」という意味になるので，**① watching** が正解です。なお，この文は *It* is **worth watching** the TV program. と形式主語 it を用いて書き換えることができます。

和訳 そのテレビ番組は見る価値がある。

4　**②**

▶ 前置詞 to に後続するのは動名詞です。動詞 help には **help（to）do**「〜するのに役立つ」という用法があり，原形動詞（unify）を後に続けることができるので，**② helping** が正解になります。　**語句** unify 他「〜を統合する」

和訳 歌を歌うことの影響は，いなかの黒人コミュニティの集会を 1 つにまとめるのに役立つということに限られてはいなかった。

5　**④**

▶ 〈**have trouble + doing**〉で「〜するのに苦労する」という意味の慣用表現です。よって，**④ trouble** が正解です。

和訳 私たちはかつてないほど容易に情報伝達ができるが，それでもまだお互いを理解し，尊敬し合うのに苦労している。

6　**②**

▶ 空所前の to は 〈**make a commitment to + doing**[**to do**]〉「**do** することを約束する」の to です。ここでは不定詞が選択肢にないので，**② admitting** が正解です。

和訳 1969 年の春までに，大学当局は黒人研究プログラムとより多くの黒人学生を入学させることを約束していた。

差がつく 15 題

1~7：与えられた語句を並べ替えて，文を完成させよ。

1 When ☐ ☐ ☐ ☐ ☐, the castle looks like a small hill. （1語不要）

① considerable ② seen ③ a ④ distance
⑤ from ⑥ by （青山学院大）

2 人が必死になっているときには何をしでかすかわからない。
There ☐ ☐ ☐ ☐ ☐ ☐ ☐ ☐ they are desperate.

① telling ② people ③ is ④ do
⑤ when ⑥ what ⑦ might ⑧ no （中央大）

3 Her parents spoiled her so much that ☐ ☐ ☐ ☐ ☐ ☐ ☐ all the time.

① after ② became ③ being ④ looked
⑤ used ⑥ she ⑦ to （立教大）

4 彼は目を覚ますと見知らぬ人々に囲まれているのに気づいた。
He ☐ ☐ ☐ ☐ ☐ ☐ ☐ ☐.

① strange ② to ③ people ④ by
⑤ awoke ⑥ surrounded ⑦ himself ⑧ find （中央大）

5 1週間ほど前，生まれて初めてドイツ人と話したのですが，私のドイツ語は下手すぎて通じませんでした。
I spoke to a German for the first time in my life about a week ago, but ☐ ☐ ☐ ☐ ☐ ☐ ☐ ☐ ☐ with.

① was ② to ③ myself ④ German ⑤ make
⑥ too ⑦ my ⑧ understood ⑨ poor （関西学院大）

36

1 ②⑤③①④ When **seen from a considerable distance**, the castle looks like a small hill.〔不要語：⑥ by〕

▶ 文の主語が the castle なので，when が導く節は「城が見られたときには」という**受動**の意味にする必要があります。よって，まず文頭の When の後に過去分詞の ② seen を置き，その後に from a considerable distance（⑤③①④）を続けて完成です。 語句 considerable 形「かなりの」

和訳 かなり遠くから見ると，その城は小さな丘のように見える。

2 ③⑧①⑥②⑦④⑤ There **is no telling what people might do when** they are desperate.

▶〈**there is no＋do ing**〉で「**do するのは不可能である**」（it is impossible to *do*）という意味なので，まず is no telling（③⑧①）を並べ，その後に telling の目的語となる疑問詞 ⑥ what が導く名詞節 what people might do（⑥②⑦④）を続け，最後に空所以下の節を導くときの接続詞である ⑤ when を配置して完成です。

語句 desperate 形「必死の」

3 ⑥②⑤⑦③④① Her parents spoiled her so much that **she became used to being looked after** all the time.

▶ so ～ that ...「とても～なので…」の that 節内で主語の ⑥ she の後に「**do するのに慣れる**」という **became used to**（②⑤⑦）を続けます。次に，**look after ～**「**～の世話をする**」の目的語に相当する（代）名詞がないので，being looked after（③④①）という受動態動名詞の形で配置します。 語句 spoil 他「～を甘やかす」

和訳 両親は彼女をとても甘やかしたので，彼女はいつも世話をしてもらうことに慣れてしまった。

4 ⑤②⑧⑦⑥④①③ He **awoke to find himself surrounded by strange people**.

▶ まず，awoke to find（⑤②⑧）で「目覚めて気づいた」という〈自動詞＋結果の to 不定詞〉の表現を作ります。次に，〈find＋O＋Vpp〉「O が～されているとわかる」を見抜いて，find に続けて himself surrounded（⑦⑥）で「彼自身が囲まれているのに気づく」とし，最後に動作主の by strange people（④①③）を置いて完成です。

5 ⑦④①⑥⑨②⑤③⑧ ..., but <u>my German</u> <u>was</u> <u>too poor</u> to <u>make</u> <u>myself</u>
<u>understood</u> with.
　　　　　　　S　　V　　　C　　　　V'　　O'
　　　　　　　C'

▶ まず，主語に my German（⑦④）を置き，〈**be too＋形容詞＋to do**〉「**～すぎて do できない**」の意味で was too poor to make（①⑥⑨②⑤）を続けます。次に，**make oneself understood** で「自分が理解された状態を作る」，つまり「話が通じる」という表現になるように，make に続けて myself understood（③⑧）を置いて完成です。

6 John began to save money, ☐ ☐ ☐ ☐ ☐ ☐ ☐ needed to study abroad.

① come   ② conclusion   ③ having   ④ he
⑤ that   ⑥ the   ⑦ to

（立教大）

7 すぐれた作家になるのに必要なのはそれだけです。
That ☐ ☐ ☐ ☐ ☐ ☐ a good writer.　（1語不要）

① all   ② be   ③ is   ④ it
⑤ only   ⑥ takes   ⑦ to

（東京理科大）

8〜15：下線部のうち，誤りを含むものを選べ。

8 I found it ①surprised that the designer ②whose clothes have been ③worn by famous movie stars ④was arrested.

（甲南大）

9 A: What do you say ①to join the basketball club ②with me, Takashi?
B: I'd like to, but I can't because ③I've got to spend more time ④studying.

（南山大）

10 A young female executive I personally do ①a lot of business with once told me she was disgusted ②at first that the former cheerleader ③shares her freshman dormitory room at Boston University ④put up posters of a pop idol.

（中央大）

6 ③①⑦⑥②⑤④　John began to save money, **having come to the conclusion that he** needed to study abroad.

▶ まず having come（③①）という**分詞構文**を考え，**come to the conclusion that ～**「～という結論に達する」から，⑦⑥②⑤を続けます。最後に that 節の主語として④ he を置いて完成です。

和訳 ジョンは留学する必要があるという結論に達し，お金を貯め始めた。

7 ③①④⑥⑦②　That <u>is</u> <u>all</u> <u>it</u> <u>takes</u> to be a good writer.〔不要語：⑤ only〕
　　　　　　　　　　　S　V　C　S'　V'
▶ **it takes ～ to do**「do するのに～が必要だ」という用法になります。ここでは，まず，主語 That に続き，is all（③①）を置いて「それがすべてだ」を作ります。次に all を修飾する関係代名詞節として，it takes to be（④⑥⑦②）を配置します。

8　① 　surprised → surprising

▶ 〈**find ＋ O ＋ C**〉「**O を C と思う**」の用法です。① surprised では，it が指す that 節の内容が「驚かされた」ことになってしまうので，**surprising** に直します。

和訳 有名な映画スターがその人の服を着ているようなデザイナーが逮捕されたことは驚きだと私は思った。

9　① 　to join → to joining

▶ **What do you say to ～**「**～したらどうですか**」という提案の表現では，**to の後は不定詞ではなく，名詞または動名詞**が続くので，① to join を **to joining** に直します。なお，B の発言の I'd like to と I can't の後はどちらも join the basketball club（with you）が省略されています。

和訳 A：タカシ，僕と一緒にバスケットボールクラブに入るのはどう？
　　　B：入りたいけど，もっと勉強に時間をかけなきゃいけないから，入れないよ。

10　③ 　shares → sharing

▶ 過去時制である was disgusted that ～「～でむかついた」の that 節中の ③ shares が現在時制になっているのが意味上不自然です。ここでは **sharing** という**現在分詞**に変えることで，sharing ～ Boston University が cheerleader を修飾する形容詞句になります。なお，that 節中の述語動詞は ④ put up で，put は過去形です。

語句 executive 名「重役」

和訳 私が個人的に多くの仕事を一緒にする若い女性の重役は，彼女がボストン大学で1年生の寮で同室だった元チアリーダーがポップアイドルのポスターを貼っていて最初はむかついたとかつて私に言った。

11 ①Naming after the principal and most powerful of the Roman gods, Jupiter is ②twice as massive as all the ③rest of the planets in our system ④combined.

（学習院大）

12 The writer ①was believed to destroy ②most of her letters and ordered that any surviving correspondence ③never be published or quoted, a wish ④her family followed rigidly.

（中央大）

13 A girl ①born in Japan today will probably ②live celebrating her 86th birthday, the longest life expectancy ③anywhere in the world, according to the annual health report ④released by the World Health Organization today.

（中央大）

14 Much of the stress we experience ①when speaking in front of ②others comes from ③hiding expectations that most of us never recognize, that is, to want everyone in the audience to ④approve of what you say.

（中央大）

15 My grandmother ①makes it a rule ②to see her dentist once ③every six months to have her teeth ④to check.

（学習院大）

11 ① Naming → Named

▶ name *A* after *B* で「**B にちなんで A を名づける**」の意ですが，① Naming の目的語がないので，過去分詞形の **Named** に変えて，**受動**の意味にする必要があります。
語句 principal 形「主要な」，massive 形「巨大な」，combined 形「組み合わされた」
和訳 ローマ神のうちの主要かつ最も強力なローマ神にちなんで名づけられたので，Jupiter（木星）は，我々の（太陽）系の残りの惑星をすべてまとめたよりも 2 倍も大きい。

12 ① was believed to destroy → was believed to have destroyed

▶ 文意から「手紙の大半を破棄した」のは文の述語動詞 was の示す過去よりも以前のことだと考えられるので，①内の to destroy を **to have destroyed** という**完了形の to 不定詞**に直します。It *was* believed that the writer *had destroyed* ... という意味です。 語句 correspondence 名「書簡」，rigidly 副「厳密に」
和訳 その作家は手紙のほとんどを破棄し，残っているいかなる書簡類も一切出版や引用をしてはならないと命じたと考えられていたが，その希望を彼女の家族はかたくなに守った。

13 ② live celebrating → live to celebrate

▶ ② live celebrating では「祝いながら生きる」という不自然な意味になるので，**結果の不定詞**である **live to celebrate** に直し，「〜するまで生きる」という意味にする必要があります。 語句 life expectancy 名「平均余命」，annual 形「毎年の」
和訳 現在の日本に生まれる女の子は，おそらく 86 歳の誕生日を祝うまで生きるだろうが，それは今日，世界保健機関によって発表された年次健康報告によると，世界のどこと比べても最も長い平均余命である。

14 ③ hiding expectations → hidden expectations

▶ 文脈から ③ hiding expectations だと文意が成立しません。「隠れた期待」という意味にするのが適切なので，③の hiding を過去分詞の **hidden** に直します。
和訳 他人の前で話をするときに経験するストレスの多くは，私たちほとんどが認識していない隠れた期待，すなわち聴衆の皆に自分が言ったことを認めてもらいたいという期待から来るものである。

15 ④ to check → checked

▶ 〈have＋O＋to *do*〉「do する O がある」では文意が不自然なので，〈**have＋O＋Vpp**〉で「**O を〜してもらう**」という意味にするため，④ to check を過去分詞の **checked** にします。 語句 make it a rule to *do* 熟「いつも do することにしている」
和訳 祖母は，歯を検査してもらうため 6 ヶ月ごとに歯医者に行くことにしている。

4 関係詞

　この章では，関係詞の基本用法に関する知識を基盤に，より複雑な構造の文の中で正確に関係詞を使い分けるためのトレーニングを行います。特に関係詞が問われる問題の場合，問題文の意味を正確に読み取ることがまずは重要です。

✓Check 1 関係代名詞 what を含む慣用表現

次の文の空所に最も適切なものを選んで入れよ。

Light is to plants ☐ food is to animals.

① if ② what ③ whether ④ while

(学習院大)

正解 ②

解説 *A is to B* what[as] *C is to D* で「**A の B に対する関係は C の D に対する関係と同じだ**」という慣用的な表現があるので，② **what** が正解です。

和訳 光の植物に対する関係は，食物の動物に対する関係と同じだ。

■ what を含む慣用表現

・*Come **what** may*, I'll never change my mind.
　　どんなことが起ころうとも，私は決心を変えない。

・*That's **what** it's all about.*
　　結局そういうことなんだよ。

> what it's all about で「それに関するすべてのこと」というニュアンス。

・She has **what** it takes to be a good singer.
　　彼女はよい歌手になる資質がある。

> what it takes to *do* で「*do* するのに必要なもの」という意味。

✓Check 2 〈関係代名詞＋挿入節〉

次の文の空所に最も適切なものを選んで入れよ。

That person is the one ☐ I think rescued the kitten.

① what ② where ③ who ④ whom

(立命館大)

正解 ③

解説 空所後の I think の後にある動詞 rescued の主語がない点に着目し，〈I think ＋ S ＋ rescued〉の S が関係代名詞となっていると考え，③ **who** が正解です。

和訳 その人は子猫を救ったと私が思っている人だ。

■〈関係代名詞＋挿入節〉：〈S＋think, say, believe〉など

彼女の父親だと私が思った男性は，彼女の兄だとわかった。

・ ₅The man［(who) I believed ₍s₎ was her father］ᵥturned out to be her brother.

> was の主語がないので，主格の関係代名詞（who）が入ると考えられます。〈I believed (that) S＋was her father〉のS が関係代名詞になっています。なお，この who は省略されることもあります。

・ ₅The man［(whom) I believed ₍o₎ to be her father］ᵥturned out to be her brother.

> 〈believe＋O＋to do〉のO がないので目的格の関係代名詞が入ります。この whom はたいてい省略されます。

✓Check 3 慣用表現と〈前置詞＋関係代名詞〉

次の文の空所に最も適切なものを選んで入れよ。

We were impressed with the zeal ⬚ he spoke of the plan.

① to what ② with what ③ to which ④ with which （関西学院大）

正解 ④

解説 with zeal「熱心に」という表現があるので，④ with which が正解です。he spoke of the plan with zeal の zeal が関係代名詞に置きかえられ，関係詞節の先頭に置かれたと考えます。

> **語句** be impressed with ～ 熟「～に感銘を受ける」，zeal 名「熱心」

和訳 私たちは，彼が計画について語るときの熱心さに感銘を受けた。

■慣用表現によって決まる〈前置詞＋関係代名詞〉

・ I was surprised by **the ease** *with which* he completed his task.
　私は彼がやすやすと課題を完了させたことに驚いた。
　〔**with ease**：容易に（＝ easily）〕

・ The problem is **the degree**［**extent**］ *to which* he understands the situation.
　問題は彼がどの程度まで状況を理解しているかだ。
　〔**to a degree**［**an extent**〕：ある程度まで〕

43

次の文の空所に最も適切なものを選んで入れよ。

1 Things don't always turn out to be _____ they seem.

    ① such   ② that   ③ what   ④ which

（宮崎大）

2 I hate the _____ she always criticizes me.

    ① how   ② way   ③ method   ④ style

（獨協大）

3 She writes in a colloquial style, _____ why I like reading her novels.

    ① who is   ② that is   ③ which is   ④ and which is

（山梨大）

4 Our company has decided to give this software _____ wants to use it.

    ① however   ② to whoever   ③ of which
    ④ to whom   ⑤ whomever

（北里大）

5 The short-tempered young man deeply regretted _____ to his girlfriend as soon as he put the phone down.

    ① that he had said   ② that he has said
    ③ what he had said   ④ what he has said

（中央大）

6 In meetings you must be flexible enough to accept _____ happens.

    ① anything   ② that   ③ whatever   ④ which

（関西学院大）

1 ③

▶ 空所後の動詞 **seem の補語**になると同時に，空所前の **be の補語**になる節を作る語が必要です。先行詞をその内部に含む関係代名詞である ③ **what** が正解です。

和訳 事態は必ずしも見かけどおりの結果にはならない。

2 ②

▶ 〈**the way＋S＋V**〉で「～のしかた」という意味になります。よって ② **way** が正解です。これは 〈*the way*（**in which**〔**that**〕）**＋S＋V**〉という表現の関係詞が省略された用法です。なお，the way how ～ という用法はないことに注意しましょう。

和訳 私は彼女がいつも私のことを非難するやり方が嫌いだ。

3 ③

▶ 空所後に why がある点に着目し，慣用表現 **that is why ～**「そういうわけで～」の that が She … style, を先行詞とする関係代名詞になっていると考え，③ **which is** が正解と判断します。 語句 colloquial 形「口語(体)の」

和訳 彼女は会話体で書くが，それで私は彼女の小説を読むのが好きだ。

4 ②

▶ まず，空所前に 〈give＋O〉があることから，〈**give＋O＋to＋人**〉のパターンを考えます。さらに空所後の wants の主語が必要であることから，〈**前置詞（to）＋複合関係代名詞（whoever）**〉である ② **to whoever** が正解です。

和訳 我が社は使用を希望する人にはだれにでもこのソフトウェアを提供することに決めた。

5 ③

▶ 動詞 regret は他動詞で that 節を目的語に取れますが，ここで that 節にしてしまうと，選択肢内の said の目的語が不足します。よって，選択肢内の **said の目的語**となる **what を含む関係詞節** ③ **what he had said** が正解です。なお，④は現在完了なので，文の述語動詞である過去形の regretted と時間的に整合しません。

語句 short-tempered 形「短気な」

和訳 その短気な若者は，電話を置くとすぐにガールフレンドに言ったことを深く後悔した。

6 ③

▶ 動詞 **accept の目的語**になる節を作り，同時に空所後の **happens の主語**にもなることができる語は，先行詞を含んだ複合関係代名詞の ③ **whatever** です。

和訳 会議では何が起ころうともそれを受け入れられるほど柔軟でなくてはいけない。

1〜8：次の文の空所に最も適切なものを選んで入れよ。

1 He's working on a research project the success ⬚ could change the way we travel in the future.

    ① by which   ② from which   ③ of which   ④ which

（慶應義塾大）

2 If you are in trouble, let me know. I will give you ⬚ help I can.

    ① more   ② that   ③ what   ④ which

（立教大）

3 The conviction ⬚ which the author writes of the necessity of world peace is related to his personal experience of war.

    ① about   ② on   ③ with   ④ without

（学習院大）

4 I might pass the test, ⬚ case I will treat myself to a movie with friends.

    ① by that   ② for that   ③ in each   ④ in which

（慶應義塾大）

5 The fancy restaurant was full of diners, ⬚ women.

    ① almost of whom were   ② mostly of whom were
    ③ who were almost   ④ who were mostly

（中央大）

1　③

▶ 空所の前までで a research project と the success という **2つの名詞句が連続**している点から，〈the success ＋ 空所〉が could change の主語として機能することを見抜きます。先行詞の a research project と結ぶには関係代名詞と前置詞が必要で，ここでは **the success of it の it が関係代名詞**になったと考えられるので，**③ of which** が正解です。

> 和訳 彼は研究プロジェクトに取り組んでいるが，その成功は将来私たちの旅行の仕方を変えるかもしれない。

2　③

▶ 〈**give ＋ O₁ ＋ O₂**〉「O₁ に O₂ を与える」の O₂ になる関係詞節を作りますが，空所後の名詞 help を修飾する**関係形容詞が必要**なので，**③ what** が正解です。what help I can で all the help I can (give)「私ができる援助すべて」という意味になります。

> 和訳 もし困ったら，知らせてください。私ができるだけの援助をします。

3　③

▶ 空所後に which があるので，〈**前置詞 ＋ 関係代名詞**〉の形になります。**with conviction**「確信を持って」という表現から，**③ with** が正解になります。

> 和訳 著者が世界平和の必要性について書いているときの確信は，彼の個人的な戦争体験に関係している。

4　④

▶ **in that case**「その場合に」の指示形容詞 that が関係形容詞に置きかえられたと考えられるので，**④ in which** が正解です。この関係詞の先行詞は直前の名詞 the test ではなく，「試験に合格する」という先行する節の内容です。

> 語句 treat *one*self to 〜 熟「奮発して〜を楽しむ[買う，食べる]」

> 和訳 私は試験に受かるかもしれないが，その場合には，私は自分へのご褒美に友達と映画に行くつもりだ。

5　④

▶ 先行詞を diners とする関係代名詞が必要ですが，①は almost of で almost の使い方が誤りです。②は，副詞 mostly「大部分は」が代名詞 most でなければなりません。③も同様に almost の使い方が不適切です。よって，**④ who were mostly** が正解になります。　語句 fancy 形「高級な」，diner 名「食事をする人」

> 和訳 高級レストランは食事客でいっぱいだったが，そのほとんどは女性だった。

6 The manufacturer guarantees that its cosmetic products are good for three years or until the expiration date on the package, ☐ is sooner.

    ① what   ② when   ③ that   ④ whichever

（青山学院大）

7 The science of medicine, ☐ progress has been very rapid lately, is perhaps the most important of all sciences.

    ① for as   ② in which   ③ since   ④ so

（関西学院大）

8 We live in an age ☐ credit cards are the norm for most international travelers.

    ① what   ② where   ③ which   ④ whose

（東邦大）

6 ④

▶ 空所後の is の主語が不足しているので**関係代名詞**が必要ですが，**継続用法**なので③ that は不適切です。また，① what は先行詞をそれ自体に含む関係代名詞なので，前とつながりません。ここでは，or の前後の２つの条件を指すことのできる④ **whichever**「どちらでも」が正解になります。

語句 manufacturer 名「製造業者」，guarantee 他「～を保証する」，cosmetic 形「化粧用の」，expiration date 名「使用［有効］期限」

和訳 メーカーは，化粧品は３年あるいは箱に書かれた使用期限のどちらか早いほうまでは効果があると保証している。

7 ②

▶ 文の主語である The science of medicine と述部の is 以下との間に挿入されている節なので①や④は不適切です。③ since は理由を導く接続詞ですが，progress を「医学の進歩」という意味に解釈できなくなってしまいます。The science of medicine を先行詞とする関係代名詞 which を用いた **in which**（= in the science of medicine）が文脈からも適切なので，②が正解です。

和訳 医学は，その分野での進歩が最近非常に早くなってきているが，あらゆる科学の中でおそらく最も重要だ。

差がつくポイント | **関係副詞 where の先行詞**

8 ②

▶ 空所後の **credit cards are the norm** は〈S＋V＋C〉の構造なので，**age** を先行詞にできる関係詞が必要です。ここでの age は「時代（の世界）」という意味で場所としての解釈も可能なので，② **where** でよいことになります。

和訳 私たちはほとんどの海外旅行者にとってクレジットカードが標準である時代に暮らしている。

● **age・time を先行詞とする関係副詞の where**

　　age「時代」や time「時・時代」を説明する節を導く関係詞は when［in which］が基本ですが where が用いられることもあります。

　　We are living in an exciting *time* where［when, in which］we can travel almost anywhere on the globe.
　　私たちは地球上のほとんどどこにでも旅することができる刺激的な時代に暮らしている。

9〜12：下線部のうち，誤りを含むものを選べ。

9 ①This is the athlete ②whom everyone ③says will win the gold medal at ④the Winter Olympic Games.

（専修大）

10 ①This wine, ②which I paid only ③five hundred yen, tastes much better ④than I expected.

（中央大）

11 ①Saying that there's a lot of junk on TV and ②that's because you won't watch or have a set in the house ③is like saying you won't read books because there is a fair amount of ④cheap ones published.

（中央大）

12 When the final game ①was over, the players thanked ②the fans in the stadium ③who support during the season ④had been fantastic.

（学習院大）

9 ② whom → who

▶ everyone says の後の will win に対応する主語が不足しているので，②whom ではなく **who** にする必要があります。〈everyone says（that）＋S＋will win ...〉の S が関係代名詞に置きかえられたと考えられることからも，②whom を主格の **who** に直す必要があります。

[和訳] この人はだれもが冬季オリンピックで金メダルを取るだろうと考えているスポーツ選手だ。

10 ② which → for which

▶ 継続用法の関係詞節が文の主語の This wine と述部 tastes 以下の間に挿入された文です。関係詞節中で他動詞の paid の目的語がすでに five hundred yen で示されているので，②which は不適切です。**pay ～ for ...**「…に～を支払う」の用法から，which を **for which** に直す必要があると判断します。

[和訳] このワインは，私は 500 円しか払わなかったが，予想よりはるかにおいしい。

11 ② that's because → that's why

▶ ②that's because ～ では「それは～だからだ」で because 以下が理由を表すことになります。ここでは and より前が理由になっているので **that's why** とし，why 以下に結果が示される形にする必要があります。この文全体の構造は Saying that ... in the house までが主語で，is like の後に，再び saying（that）you ... published という動名詞の後に名詞節が続く形になっています。

[語句] junk 名「くだらないもの」，set ＝ TV set 名「テレビ」，fair 形「かなりの」，cheap 形「くだらない」

[和訳] テレビではくだらないことがたくさんあり，だから見たり，家にテレビを置いたりしないのだと言うことは，かなりの量のくだらないものが出版されているので，本を読まないと言うようなものだ。

12 ③ who support → whose support

▶ ③who support では support は動詞になりますが，文末に関係詞節の述部となる had been fantastic があるので不適切です。ここでは **support を名詞と判断**し，their support の所有格代名詞が関係代名詞になったと考え，who を **whose** に直します。

[和訳] 最終戦が終わったとき，選手たちはシーズン中のサポートがすばらしかったスタジアムのファンに対して感謝の意を表した。

5 比較

この章の目標は形容詞・副詞を用いた比較表現のマスターです。原級比較・比較級・最上級の発展・応用となる多様な慣用表現の意味の違いをしっかりと確認し，比較表現を用いた書き換えなども意識して学習していきましょう。

☑Check 1 原級比較の慣用表現

次の文の空所に最も適切なものを選んで入れよ。
Betty passed in front of me without ☐ a greeting.
① still less ② no less than ③ so much as ④ rather than （高知大）

正解 ③

解説 〈**without so much as** ＋名詞／動名詞〉で「**～さえなしで**」という意味を表す慣用表現です。よって，③ **so much as** が正解です。

和訳 ベティはあいさつもなしに私の前を通り過ぎた。

■ 原級比較の重要慣用表現

not so much は文字どおりには「それ程多くではない」という意味ですが，例えば，**not so much A as B** とすると「**B であるほどは A ではない**」という意味になり，結果，「**A というより B**」という意味が生じます。

・**not so much A as B**「A というよりはむしろ B」
He is **not so much** an actor **as** a comedian.
彼は俳優というよりはコメディアンだ。
= He is a comedian **rather than** an actor.

・**not so much as do**「～さえしない」（= even）
She can**not so much as** introduce herself in English.
彼女は英語で自己紹介さえできない。

> 「do するほどではない」という意味から，「～さえしない」が生じます。

☑Check 2 比較級の慣用表現

次の文の空所に入れるのに適切な語を示せ。
A shark is no ☐ a mammal than a salmon is. （福島大）

正解 **more**

解説 **A is no more B than C (is).** で「**A が B でないのは C が B でないのと同様である／A は C と同様に B ではない**」という意味です。この文は，A shark is **not** a mammal **any more than** a salmon is. と書き換えられます。

和訳 サメはサケと同様にほ乳類ではない。

比較表現はバリエーションも豊富で，私大上位レベルになるとさまざまな慣用表現に関する知識（☑Check **1**～☑Check **3** など参照）が問われます。〈the＋比較級, the＋比較級〉の表現（p.58, p.60 差がつく 15 題：7・14 参照）のような相関表現や，ある比較表現を別の比較表現で書き換えられるケースなども押さえておく必要があります。

■ 比較級の重要慣用表現

***A* is no more *B* than *C*（is）**. の文字どおりの意味は，「C が B である以上に A が B であることは全くない」ということで，「**A も C も同様に B でない**」の意味になります。more を **less** に変えると，**否定が肯定に逆転**し，「**A も C 同様に B である**」という意味が表されます。

no less *A* than *B* 「B と同様に A である／B に劣らず A である」

He is **no less** intelligent **than** Einstein.　He is intelligent. ＝ Einstein is intelligent.
　彼はアインシュタインに劣らず頭がよい。

☑Check **3** 最上級の慣用表現

次の文の空所に最も適切なものを選んで入れよ。

I was not ⬚ surprised to hear that he had passed the exam; he is very diligent.

① at least　② at most　③ in the least　④ in the most　　（中央大）

正解 ③

解説 **not in the least** で「**少しも～ない**」という意味の慣用表現なので，**③**が正解です。① **at least** は「少なくとも」，② **at most** は「せいぜい」です。

和訳 私は彼が試験に受かったと聞いてちっとも驚かなかった。というのも彼は非常に勤勉だからだ。

■ 最上級の重要慣用表現

・**make the most of ～** 「（よい条件などを）最大限に利用する」
　You should **make the most of** this good opportunity.
　　この好機を最大限に利用すべきだ。

・**make the best of ～** 「（不利な条件などを）最大限に利用する」
　We have to **make the best of** the bad situation.
　　私たちはひどい状況で最善を尽くさなければならない。

・**to the best of *one*'s knowledge** 「～の知る限りでは」
　This is the only example **to the best of *my* knowledge**.
　　私の知る限りでは，これが唯一の例だ。
　　＝ This is the only example **as far as *I* know**.

押さえておきたい6題

次の文の空所に最も適切なものを選んで入れよ。

1 I doubt Clemson will even get to the playoffs, much [____] win.

① less　　② little　　③ more　　④ to

（学習院大）

2 At the end of the story, [____] the two princes was chosen to marry the princess.

① more honest than　　② the more honest of
③ as honest as　　④ no more honest than

（獨協大）

3 I believe Tom is not so stupid [____] to do such a kind of thing.

① as　　② but　　③ that　　④ what

（中央大）

4 You cannot carry [____] by yourself; you should get a smaller one.

① so large a suitcase　　② so large suitcase
③ such large suitcase　　④ a such large suitcase

（中央大）

5 He is [____] a person than the President.

① nothing less　　② no less
③ none the less　　④ not lesser

（関西学院大）

6 He knows [____] than to judge by appearances.

① what　　② something　　③ less　　④ better

（関西学院大）

54

1 ①

▶ **much less ～**「なおさら～ではない，ましてや～ではない」という意味の表現なので，**① less** が正解です。主に否定文で用いる表現ですが，主節の doubt (that) ～「～を疑う；～ではないと思う」によって，否定的文脈が示されています。

語句 Clemson 图「(フットボールなどのチーム名で) クレムゾン」，
playoff 图「プレーオフ (引き分け・同点の際の決勝試合)」

和訳 私は，クレムゾンはプレーオフにさえ出られないし，ましてや勝つなど無理だと思う。

2 ②

▶「2者のうちでより～なほう」は〈**the ＋比較級＋of the two**（＋複数名詞）〉を用いるので，②が正解です。比較表現ですが，than は用いず，of 句が後ろに続きます。

語句 choose O to do 熟「do するよう O を選ぶ」

和訳 物語の終わりで，王子2人のうちでより正直なほうが王女と結婚するよう選ばれた。

3 ①

▶〈**so ＋形容詞＋as to do**〉で「…するほど～である」です。この文は慣用表現 know better than to do「do しないだけの分別がある」を用いて，I believe Tom **knows better than to do** such a kind of thing. と書き換えることができます。

和訳 私はトムがそんな類のことをするほど愚かではないと信じている。

4 ①

▶ ふつうの語順は〈冠詞＋形容詞＋名詞〉ですが，so[as]があることで，〈**so[as] ＋形容詞＋冠詞＋名詞**〉になるので，①が正解です。なお，such であれば語順は変わらず，such a large suitcase のように〈**such ＋冠詞＋形容詞＋名詞**〉の語順です。

和訳 1人でそんな大きなスーツケースは運べない。もっと小さいのを買うべきだ。

5 ②

▶ **no less a person than ～** で「まさしくその人で，本物の～で」という意味になるので，**② no less** が正解です。

和訳 彼はまさしく大統領その人である。

6 ④

▶ **know better than to do** で「～しないだけの分別がある」という意味の慣用表現です。よって，**④ better** が正解です。なお，この表現は be wise[sensible] enough not to do あるいは be not so stupid as to do に書き換えられます。

和訳 彼は見た目で判断しないだけの分別がある。

差がつく 15 題

1〜5：次の文の空所に最も適切なものを選んで入れよ。

1 Don't buy that car. It's no ☐ than the one we already have.

① better   ② greater   ③ less   ④ worse

（学習院大）

2 The truly remarkable decreases in crime in the 2nd half of the 20th century are ☐ significant for having occurred in a period when one would expect rising crime.

① all the more   ② even less
③ less than   ④ more or less

（慶應義塾大）

3 Even though this story may sound strange, it is none the ☐ true.

① little   ② less   ③ much   ④ more

（南山大）

4 In the past decade, around 2 million children have been killed in armed conflict, and ☐ have been seriously injured.

① as many three times   ② as three times many
③ many as three times   ④ three times as many

（立教大）

5 私は先月 5 冊以上の本を読みました。
I read more than ☐ books last month.

① five   ② the five   ③ four   ④ the four

（山梨大）

1 ①

▶ 比較の慣用表現である **no better than ～** で「～も同然で，～と同様によくない」が適切なので，正解は ① **better** です。ここでの no better than ～ は as bad as ～ と同様の意味を表します。

和訳 その車を買っちゃだめだ。すでに私たちが持っているのと同じくらいよくないから。

2 ①

▶〈**all the ＋ 比較級 ＋ for ～**〉は「～だからこそますます…」の意味を表す慣用表現なので，正解は ① **all the more** です。前置詞 for の代わりに because を用いて書き換えると … all the more significant because they occurred … となります。

語句 remarkable 形「驚くべき」，significant 形「重要な，相当の」

和訳 20 世紀下半期における犯罪の実に驚くべき減少は，犯罪の増加が予想される時代に起こったことで，さらにより重要な意味を持つ。

3 ②

▶〈**none the ＋ 比較級**〉は「だからといってそれだけ～というわけではない」という意味の慣用表現です。ここでは「この話が奇妙に思える」ことで「その真実性が下がるわけではない」という意味が適切で，② **less** が正解となります。④ more では文意が不自然になります。〈**none the ＋ 比較級 ＋ for**[**because**]**...**〉のように，理由が後ろに示されることもあります。

和訳 この話は変に思えるかもしれないが，それでも真実であることに変わりない。

4 ④

▶〈**数詞 ＋ times as ＋ 形容詞（副詞）＋ as ～**〉なので，④が正解です。ここでは，比較対象が around 2 million children と前に明示されていて，three times as many は「（その）3 倍の数の子供」という意味になります。

語句 decade 名「10 年」，armed 形「武装した」，conflict 名「紛争」

和訳 過去 10 年でおよそ 200 万人の子供が武力衝突により殺されており，その 3 倍の数の子供が重傷を負っている。

差がつくポイント　**more than ≠ 以上**

5 ③

▶ **more than ～** は厳密には「～より多く」であり，ここで ① **five** を選んで **more than five** とすると，「5 より多く」（$n > 5$）すなわち 6 冊以上になってしまいます。**5 or more books** であれば，「5 冊以上（$n \geq 5$）の本」の意です。

6～10：与えられた語句を並べ替えて，文を完成させよ。

6 As far as baseball goes, he proved himself to be ☐ ☐
☐ ☐ ☐ ☐ on the team.

    ① superior   ② far   ③ boys
    ④ other   ⑤ to   ⑥ the

（獨協大）

7 ☐ ☐ ☐ ☐ off this job, the ☐ ☐
you will be to ever start it.

    ① inclined   ② longer   ③ you
    ④ the   ⑤ put   ⑥ less

（獨協大）

8 These days that man seems to ☐ ☐ ☐ a TV actor
☐ ☐ ☐ professor.

    ① than   ② be   ③ more
    ④ science   ⑤ of   ⑥ a

（獨協大）

9 No ☐ ☐ ☐ ☐ ☐ ☐ ☐
against the proposal.

    ① five   ② less   ③ of   ④ present
    ⑤ than   ⑥ those   ⑦ were

（立命館大）

10 Do everything ☐ ☐ ☐ ☐ ☐ ☐
☐ ☐ chance. (1語不要)

    ① can   ② for   ③ make   ④ most   ⑤ of
    ⑥ the   ⑦ this   ⑧ to   ⑨ you

（青山学院大）

6　②①⑤⑥④③　As far as baseball goes, he proved himself to be **far superior to the other boys** on the team.

▶ **superior to ~**（①⑤）「~よりすぐれている」の程度を強めるため，その前に副詞 ② far を置き，さらに，to の目的語に the other boys（⑥④③）を続けて完成です。

和訳 野球に関する限り，彼はチーム内で自分がほかの少年たちよりもはるかにすぐれていることを証明した。

7　④②③⑤／⑥①　**The longer** you put off this job, **the less inclined** you will be to ever start it.

▶〈**the ＋ 比較級~, the ＋ 比較級 ...**〉で「~であれば，ますます…だ」なので，The longer（④②）とし，そのあとに you put（③⑤）を続けます。コンマの後は，**be inclined to do**「do する気になる」の形容詞 inclined が the less と結びつくと考えて，less inclined（⑥①）とします。なお，ever は不定詞 to start を修飾し，「いつか始めるとしても」という条件的なニュアンスを出しています。

和訳 その仕事を後回しにすればするだけ，始めるのにも気乗りしなくなるだろう。

8　②③⑤／①⑥④　These days that man seems to **be more of** a TV actor **than a science** professor.

▶ **be more of A（than B）**で「B というよりもむしろ A である」という意味の表現です。**not so much B as A** や **A rather than B** で書き換え可能です。

和訳 最近，あの人は科学の教授というよりテレビ俳優のようだ。

9　②⑤①③⑥④⑦　No **less than five of those present** were against the proposal.

▶ まず文頭の No の後に less を置き，**no less than ~**（②⑤）「~もの」（＝ as many as ~）を作り，数詞 ① five を続けます。そのあとに ③ of「~のうちで」を置き，those present（⑥④）＝ those（who were）present「出席していた人々」，さらに述語動詞 ⑦ were を後続させて完成です。

和訳 出席者のうち 5 人もの人がその提案に反対した。

10　⑨①⑧③⑥④⑤⑦　Do everything **you can to make the most of this** chance.〔不要語：② for〕

▶ まず everything の後に関係代名詞 that が省略されていると考え，後ろに you can（⑨①）を置き，「あなたができるすべてのことをやりなさい」という意味を完成させます。そのあとに to 不定詞で **to make the most of ~**（⑧③⑥④⑤）「~を最大限利用するために」の表現を用いて，最後に目的語の一部である ⑦ this を続ければ，文の完成です。can の後ろに動詞がないのは文頭の Do の反復を避けるための省略です。

和訳 この機会を最大限利用できるようにできる限りのことをやりなさい。

11〜15：下線部のうち，誤りを含むものを選べ。

11 I have been ①away from Tokyo ②for ③less than three months, but it seems so much ④long.

（明治学院大）

12 When ①it comes to classical music, no one, or ②at least no one that I know, is as ③familiar with all the major composers and their works as my ④brother's.

（早稲田大）

13 Government officials say that oil might be ①leaking from a well in the Gulf of Mexico ②at a rate five ③time as large as initial estimates ④have suggested.

（学習院大）

14 ①The more I learned medical terms, ②the more interested I got in medicine, and ③the greater pleasure I was able to ④take in my study.

（杏林大）

15 ①Planning an outline for your essay gives you a basic structure from which to work. You ②will probably find the writing of your essay ③much easy if you ④are working with a plan.

（慶應義塾大）

11 ④ long → longer

▶ much は原級の形容詞を修飾しないので，④ long が誤りです。but の後は先行する three months との比較で，so much longer than three months「3ヶ月よりはるかに長く」という意味が適切なので，④ long を比較級の **longer** に直します。① away from 〜 は「〜から離れて」，③ less than 〜 は「〜未満」の意味で，② for は期間を表す前置詞なのですべて正しい表現です。

和訳 私が東京を離れて3ヶ月もたっていないのに，それよりはるかに長いように思える。

12 ④ brother's → brother

▶ no one と brother を比べているので，④は所有格 brother's ではなく，**brother** に直します。① when it comes to 〜「〜のこととなると」の to に後続するのは (動) 名詞です。② at least「少なくとも」，③ (be) familiar *with* 〜「(人が) **〜をよく知っている**」 *cf.* (be) familiar *to* 〜「(物・人が) 〜によく知られている」

和訳 クラシック音楽の話になると，だれも，いや少なくとも私の知るだれもが私の兄ほどあらゆる主要な作曲家とその作品についてよく知ってはいない。

13 ③ time → times

▶〈数詞＋times as 〜 as ...〉で「…の○○倍〜である」なので，③ time を複数形の **times** に直します。five times 以下，文末までは a rate「速度」を修飾しています。

語句 leak 自「漏れる」，well 名「井戸，鉱泉」，gulf 名「湾」，estimate 名「見積り」

和訳 政府高官は，石油がメキシコ湾の油井から当初の見積りが示した速度の5倍の速さで漏れているかもしれないと言っている。

14 ① The more I learned medical terms → The more medical terms I learned

▶ この文中での **more は medical terms を修飾** しているので，①は **The more medical terms I learned** に直します。④ take in は take pleasure in 〜「〜に喜びを感じる」の目的語 pleasure が節の頭に置かれているので，誤りではありません。

和訳 私は医学用語をたくさん学べば学ぶだけ，ますます医療への関心が増し，勉強にますます大きな喜びを感じられるようになった。

15 ③ much easy → much easier または very easy

▶ much で修飾するには，形容詞を **比較級** にする必要があるので，③は **much easier** に直します。あるいは much を very に変えれば，原級の easy のままで使えます。

和訳 小論文のアウトラインを計画することは，どこから取り組むべきか基本的な構造を考えつかせる。計画を持って取り組めば，小論文の執筆がおそらくはるかにより簡単に[とても簡単に]思えるだろう。

6 前置詞

　ここでは受験生が苦手とする項目の1つである前置詞の用法について知識を拡充しましょう。基本的な前置詞の1つ1つの意味を正解に理解することと，さまざまな群前置詞が表す意味についても，正確に覚えることが重要です。

✔Check 1　前置詞 of

次の文の空所に最も適切なものを選んで入れよ。

The concert hall was flooded with people. Therefore, it was ☐ no use to try to find him in the crowd.

　① at　　② for　　③ of　　④ with　　　　　　　　　　　（青山学院大）

正解 ③

解説 前置詞 **of** には人・物に関して「**～の性質を持った**」という意味があり，**of no use** で「有用性を持っていない」，すなわち「役に立たない」（＝ useless）という意味になります。

和訳 コンサートホールは人であふれていた。それで，人ごみの中で彼を見つけようとしても無駄だった。

■ 前置詞 of の重要な意味

　前置詞 of にもさまざまな意味がありますが，重要なものを確認しましょう。

〔同格〕～という：　the city of Tokyo　東京という都市　　　Tokyo ＝ the city

〔属性〕～を持った：　a man of sense　　　　a man who has sense
　　　　　　　　　　分別のある人

〔主語〕～の：　the love of a mother　　　　a mother loves (her child)
　　　　　　　母の（子に対する）愛

〔距離〕～離れて：　within a 5-minute walk of the station
　　　　　　　　　駅から徒歩5分以内で　　　the station から「離れて」

✔Check 2　前置詞 with

下線部のうち，誤りを含むものを選べ。

When I went into the kitchen, I saw a cockroach ①creeping on the floor. I killed it ②by a ③rolled-up newspaper ④without hesitation.　　　（明治大）

正解 ②　by → with

解説 「丸めた新聞紙を用いて」という意味で，killed という行為の際に用いた**道具**

基本的な前置詞の個別の意味（✓Check **1** 参照）や類似した意味を持つ前置詞の使い分け（✓Check **2** 参照）以外にも，さまざまな群前置詞（✓Check **3** など参照）や前置詞として機能する分詞（p.64 押さえておきたい６題：３参照）なども問われます。

を示す必要があるので，②は by ではなく，**with** にする必要があります。

語句 creep 圓「はう」，rolled-up 圈「丸めた」，hesitation 图「ためらい」

和訳 私が台所に入ると，ゴキブリが床をはっているのが見えた。私はためらわず，丸めた新聞紙でそれを殺した。

■ by と with の区別

・**by**「〜によって」＝行為や動作の主体に重点

He was killed *by* a rock.　彼は（飛んできた）石で殺された。

　　⇒ A rock killed him.〔能動文の主語＝ a rock〕

・**with**「〜を使って」＝行為や動作の手段や道具に重点

He was killed *with* a rock.　彼は（だれかが使った）石で殺された。

　　⇒ Somebody killed him *with* a rock.

　　〔能動文の主語＝明示されていない Somebody〕

✓Check **3** 群前置詞 due to

次の文の空所に最も適切なものを選んで入れよ。

Some historians say that the development of jazz was ☐ prohibition.

① caused in a way to　　　　② due in part to

③ for the partial benefit of　　④ partly because　　　　　　（中央大）

正解 ②

解説 due to 〜 で「〜のせいで」という原因を表す表現です。ここでは ② **due in part to** が正解になりますが，due と to の間に in part「ある程度は」という副詞句が挿入されていて，「一部は〜のせいである」という意味になります。

和訳 歴史家の中には，ジャズの発達は一部は禁止されていたせいであると言う者もいる。

■『原因・理由』を表す群前置詞

　原因や理由を表す群前置詞には because of を始め，due to，on account of，owing to などがあります。

雨のせいで試合は延期になった。

The game was put off	**because of** / **due to** / **on account of** / **owing to**	the rain.

次の文の空所に最も適切なものを選んで入れよ。

1　[　　　] so many people ill, the school decided to cancel some of the classes for one week.

　　① Regarding　　② Reported　　③ Since　　④ With

（立教大）

2　She always remains calm [　　　] of the dangers present.

　　① despite　　② practically　　③ regardless　　④ somehow

（東京理科大）

3　He asked several questions [　　　] the company's policy.

　　① with concern　　　　② concerned
　　③ concerning　　　　④ being concerned

（関西学院大）

4　[　　　] my surprise, I had a lot in common with my new friend.

　　① For　　② In　　③ To　　④ With

（青山学院大）

5　My mother never goes shopping at the department store [　　　] buying a lot.

　　① with　　② without　　③ but　　④ yet

（獨協大）

6　Water consumption has risen [　　　] more than six times in the last five years and will probably rise even faster in the next five.

　　① by　　② from　　③ in　　④ with

（中央大）

1 ④

▶〈**with＋O＋C**〉で「**O が C の状態で**」という**付帯状況**の表現です。ここでは，④ **With** を入れ，With so many people ill で「非常に多くの人が病気で」という意味にします。With ... , を節に直すと Because so many people were ill, となります。
[和訳] とても多くの人が病気だったので，学校は一部の授業を 1 週間休講することに決めた。

2 ③

▶ **regardless of ～** で「**～にかかわらず**」という意味の群前置詞になります。よって，③ **regardless** が正解です。① despite は 1 語で in spite of と同じく「～にもかかわらず」という意味を表します。
[和訳] 彼女はどんな危険があるかにかかわらず，いつも冷静なままでいる。

3 ③

▶ ③ **concerning** は「**～に関して**」という意味の about に相当する前置詞です。また，concerning は動詞 concern の現在分詞形ですが，〈as far as＋S＋be concerned〉「～に関する限り」では過去分詞の concerned が用いられるので，混同しないように注意しましょう。
[和訳] 彼は会社の方針についていくつかの質問をした。

4 ③

▶〈**to _one_'s＋感情名詞**〉で「**～が…したことには**」という意味が表現できます。よって ③ **To** を入れ，To my surprise で「私が驚いたことには」という意味にします。
[語句] have ～ in common [熟]「～を共有する」
[和訳] 驚いたことに，私は新しい友人と共通点がたくさんあった。

5 ②

▶ **never[not] ... without ～** で「**～せずに…しない，…すると必ず～する**」という**二重否定**の表現になります。よって，② **without** が正解です。
[和訳] 私の母はデパートに買い物に行くと，いつもたくさん買ってしまう。

6 ①

▶ 前置詞 by には**差・程度**を表す「**～分だけ**」という意味があります。ここでは，① **by** を入れて，by more than six times「6 倍以上分」という意味にします。
[和訳] 水の消費量はここ 5 年で 6 倍以上増加し，次の 5 年でさらに増加の速度は上がるだろう。

差がつく15題

1〜5：次の文の空所に最も適切なものを選んで入れよ。

1 Until recently, histories of children's literature were almost exclusively written [　　　] the Western countries that had strong traditions of publishing for children.

    ① in and about   ② in and out
    ③ up and about   ④ up and down

（学習院大）

2 I will place the book [　　　] the table after I have finished reading it.

    ① aside   ② beside   ③ besides   ④ side

（学習院大）

3 Mark returned to Australia from Europe last week [　　　] Japan.

    ① on top of   ② on behalf of
    ③ by way of   ④ by means of

（獨協大）

4 [　　　] the number of tourists visiting a country, Japan ranks 33rd in the world and eighth in Asia.

    ① As a result of   ② In comparison with
    ③ In spite of   ④ In terms of

（中央大）

5 He kept quiet for [　　　] of waking the baby.

    ① the purpose   ② fear   ③ the sake   ④ lest

（関西学院大）

1　①

▶ 1つの目的語に対し**前置詞が並列**される場合があります。ここでは，**① in and about** で，in the Western countries「西洋の国々で」と about the Western countries「西洋の国々について」の意味になります。　**語句** exclusively **副**「専ら」

和訳 最近まで，児童文学の歴史はほぼ例外なく，子供向けの出版のしっかりした伝統を持つ西洋の国々で，それらの国々について書かれていた。

2　②

▶ **② beside** は「**～の横に，～のわきに**」という意味の前置詞なので，これが正解です。① aside は副詞で「横に，わきに」，③ besides は「～に加えて，～だけでなく」という意味の前置詞，または「加えて，さらに」という意味の副詞として用います。

和訳 私はその本を読み終えたあと，テーブルの横にそれを置くつもりだ。

3　③

▶ **③ by way of ～** で「**～経由で**」（= **via**）という意味になります。ほかの選択肢の意味は，① on top of ～「～の上に，～に加えて」，② on behalf of ～「～を代表して」，④ by means of ～「～によって，～を用いて」です。

和訳 マークは先週，日本経由でヨーロッパからオーストラリアに戻った。

4　④

▶ 意味的に「**～に関して，～については**」が適切なので，**④ In terms of** が正解です。ほかの選択肢の意味は，① As a result of ～ は「～の結果」，② In comparison with ～ は「～と比較して」，③ In spite of ～ は「～にもかかわらず」です。

和訳 国を訪れる観光客の数に関しては，日本は世界で 33 位，アジアで 8 位だ。

差がつくポイント　「～しないように」

5　②

▶ 〈**for fear of ＋ *doing***〉で「**do することを恐れて，do しないように**」という意味になります。よって，**② fear** が正解です。①は **for the purpose of *doing***「do する目的で」，③は **for the sake of ～**「～のために」という意味です。

和訳 彼は赤ん坊を起こさないように静かにしていた。

● 同意表現		
He kept quiet	for fear of wak*ing*	the baby.
	for fear that he *would wake*	
	lest he (*should*) *wake*	
	so that[in order that] he *would* not *wake*	

6〜10：与えられた語句を並べ替えて，文を完成させよ。

6 悪天候のため，電車が遅れた。

The ☐ ☐ ☐ ☐ ☐ ☐ ☐

☐ ．　（1語不要）

① delayed　② of　③ weather　④ account　⑤ trains
⑥ due　⑦ the bad　⑧ on　⑨ were

（中央大）

7 広報担当の方をお願いします。

I'd ☐ ☐ ☐ ☐ ☐ ☐ ☐

☐ relations.

① public　② someone　③ in　④ to
⑤ like　⑥ charge　⑦ of　⑧ to talk

（中央大）

8 彼はぶっきらぼうだけれど，実際は心の優しいやつだ。

☐ ☐ ☐ ☐ he ☐ ☐ ☐ ．

（1語不要）

① a kind-hearted　② spite　③ all　④ guy
⑤ his　⑥ for　⑦ is actually　⑧ rudeness

（中央大）

9 ナターシャはよく考えたあと，警察に事件を通報しないことにした。

Natasha decided ☐ ☐ ☐ ☐ ☐ ☐

☐ ．　（1語不要）

① careful thought　② inform　③ the incident　④ the police
⑤ reporting　⑥ against　⑦ to　⑧ after

（中央大）

10 私は近い将来，経済学を研究するためにオックスフォードへ行くつもりだ。

I will go to ☐ ☐ ☐ ☐ ☐ ☐

☐ ☐ ☐ ☐ future.

① a　② economics　③ in　④ near　⑤ Oxford
⑥ studying　⑦ the　⑧ to　⑨ view　⑩ with

（青山学院大）

68

6　⑤⑨①⑧④②⑦③　The **trains were delayed on account of the bad weather**.〔不要語：⑥ due〕
▶ 文頭の The に続き，主語の ⑤ trains をまず置き，were delayed（⑨①）で「電車が遅れた」を作ります。**on account of**（⑧④②）で「**〜のせいで**」を作り，最後に the bad weather（⑦③）を配置して完成です。⑥ due は，due to 〜 で「〜のせいで」の意になりますが，to がないので使用できません。

7　⑤⑧④②③⑥⑦①　I'd **like to talk to someone in charge of public** relations.
▶ 文頭に I'd があるので，まず動詞句として like to talk（⑤⑧）を置き，talk する相手として，to someone（④②）を続けます。さらに，someone を後ろから修飾する形で **in charge of 〜**（③⑥⑦）「**〜を担当している**」を配置し，後ろの public（①）relations に続けます。　**語句** public relations 图「広報活動，宣伝」

8　⑥③⑤⑧／⑦①④　**For all his rudeness** he **is actually a kind-hearted guy**.〔不要語：② spite〕
▶ **for**[**with**] **all 〜** で「**〜にもかかわらず**」という意味が表せるので，まず，For all（⑥③）とし，その目的語に his rudeness（⑤⑧）を続けます。主節は，he is actually（⑦）の後に補語となる a kind-hearted guy（①④）を置いて完成です。② spite は in spite of 〜「〜にもかかわらず」の形で用いるので，ここでは使用できません。
語句 rudeness 图「無作法，無礼」，kind-hearted 厖 優しい

9　⑥⑤③⑦④⑧①　Natasha decided **against reporting the incident to the police after careful thought**.〔不要語：② inform〕
▶ decide not to *do* で「do しないことに決める」という意味になりますが，選択肢に not がないので，decide の直後には against reporting（⑥⑤）を置き，〈**decide against＋*do*ing**〉で「**do しないことに決める**」を作ります。次に reporting の目的語に ③ the incident を置き，report *A* to *B*「A を B に報告する」から to the police（⑦④）を続けます。最後に，「よく考えたあと」に当たる after careful thought（⑧①）を置いて完成です。

10　⑤⑩①⑨⑧⑥②③⑦④　I will go to **Oxford with a view to studying economics in the near** future.
▶ まず，to の後に ⑤ Oxford を置き，次に〈**with a view to＋*do*ing**〉「**do する目的で**」から with a view to studying（⑩①⑨⑧⑥）とし，そのあとに studying の目的語として ② economics を続け，最後に in the near（③⑦④）で文末の future と結びます。

11〜15：下線部のうち，誤りを含むものを選べ。

11 Professional sumo is ①practiced ②exclusively in Japan, but wrestlers ③in other nationalities participate, such as ④Hawaiian-born Takamiyama in the 1970s.

（明治学院大）

12 ①The piano that I inherited ②from my aunt ten years ago ③is badly ④in need under repair.

（法政大）

13 It is not just ①on a literal sense ②that the automobile ③has proved to be the driving force of the ④modern industrial age.

（立教大）

14 In any communication, a word ①means to one person ②quite a different thing ③for what it means ④to another.

（立教大）

15 He was ①found guilty of planning ②to murder the human-rights activist who ③spoke out for abuses of power by ④the police and the military.

（中央大）

11　③　in → of

▶「ほかの国籍を持った力士たち」という意味にする必要があるので，③は in ではなく，**属性を表す** of に直します。

語句 practice 他「〜を行う」，nationality 名「国籍」，participate 自「参加する」

和訳 プロの相撲は専ら日本で行われているが，例えば，1970 年代のハワイ生まれの高見山のように，ほかの国籍の力士も参加する。

12　④　in need under repair → in need of repair

▶ **under repair** は「**修理中で**」という意味ですが，in need とは結びつきません。ここでは，**in need of 〜**「**〜の必要があって**」という表現が適切なので，④内の under を of に直す必要があります。

語句 inherit 他「〜を相続する」，badly 副「とても」

和訳 10 年前におばから相続したピアノは修理の必要がかなりある。

13　①　on → in

▶ on a 〜 sense とは言わず，**in a 〜 sense** で「**〜の意味で**」となります。よって，①の on を **in** にする必要があります。　**語句** literal 形「文字どおりの」，prove 自「〜であるとわかる」，driving force 名「原動力」，industrial 形「工業の」

和訳 自動車が現代の工業時代の原動力であることがわかったのは，文字どおりの意味だけではない。

14　③　for → from

▶ 前置詞 ③ for では文意が成立せず，**different (...) from 〜**「**〜とは異なる（…）**」から，**from** に変える必要があります。

和訳 どのようなコミュニケーションにおいても，ある人にとっての 1 つの語がほかの人にとって意味するものと全く異なる意味を持つ。

15　③　spoke out for → spoke out against

▶ ③ spoke out for 〜 は「〜を擁護した」という意味になり，文意が不自然です。ここでは，**speak out against 〜**「**〜に異議を唱える**」を使うと意味が成立します。

語句 guilty 形「有罪の」，murder 他「〜を殺害する」，human-rights 名「人権」，activist 名「活動家」，abuse 名「不正な使用」

和訳 彼は，警察や軍による権力の濫用に反対した人権活動家の殺害を計画したことで有罪になった。

接続詞

この章では，接続詞の基本の再確認を行うとともに，複雑な文構造をまとめ上げるために働く接続詞のさまざまな使い方を学習します。さらに，複数の語が1つの接続詞として機能する群接続詞に関する知識も拡充しましょう。

✓Check 1 接続詞のあとの省略

次の文の空所に最も適切なものを選んで入れよ。
The sound quality of these MP3 files, ☐ not perfect, is not that bad.
① however　　② while　　③ despite　　④ even　　　　　　　（南山大）

正解 ②

解説 空所後が〈not + 形容詞〉である点に注意します。接続詞の後に主語と動詞が省略されていると考えると while (it is) not perfect が成立するので，**② while** が正解になります。① however は副詞，③ despite は前置詞，④ even は副詞でいずれも形容詞を後ろに続けられません。

和訳 これらの MP3 ファイルの音質は，完璧ではないが，それほど悪くはない。

■ 接続詞のあとの主語と be 動詞の省略

while, when などに導かれる節の主語が主節の主語と同じ場合，〈主語 + be 動詞〉が省略されることがよくあります。

・**While** (*you are*) in Tokyo, you should visit Asakusa.
　東京にいる間に，浅草を訪れるべきだ。
・**When** (*we are*) young, we tend to take our health for granted.
　若いころは，私たちは健康を当然だと思いがちだ。
・He looked at me **as if** (*he were*) in surprise.
　彼はまるで驚いたかのように私を見た。

✓Check 2 such that 〜

次の文の空所に最も適切なものを選んで入れよ。
My surprise was ☐ that I couldn't say a word.
① as　　② how　　③ such　　④ well　　　　　　　（立命館大）

正解 ③

解説 **such that 〜** で「〜なほどたいへんで，非常にはなはだしいものなので〜」という意味となります。よって **③ such** が正解です。

接続詞のあとでの省略（✓Check**1**参照），as far as のような群接続詞（✓Check**3**など参照）などが頻出ですが，Not only *A* but also *B* のような相関接続詞に関わる数の一致の問題（p.74 押さえておきたい6題：3参照）などもよく出題されます。

和訳 私の驚きは，一言も話せないほどだった。

■ **such that 〜** ：文字どおりだと「〜ぐらいに非常に」という意味ですが，**さらなる強調**を表すのに such だけが文頭に置かれ，**倒置**になる場合もあります。

My surprise was **such that** I couldn't say a word.

= **Such** *was my surprise* **that** I couldn't say a word.

✓Check **3** as long as 〜

次の文の空所に最も適切なものを選んで入れよ。

Since you came all the way from Osaka to visit me in Akita, you can stay at my home [＿＿＿＿] you like.

① as long as ② as many as ③ as it were ④ as if （秋田県立大）

正解 ①

解説 as long as 〜 で「**〜だけ長く，〜の間**」という期間を表す表現になります。よって，①が正解です。なお，as long as 〜 には「**〜である限りは，〜でありさえすれば**」という条件を表す意味もあることを覚えておきましょう。

和訳 わざわざ大阪から秋田にいる私に会いに来てくれたのだから，好きなだけ長い間私の家に泊まっていいのですよ。

■ 接続詞の **as far as** と **as long as**

as far as と **as long as** はどちらも「**〜である限りは**」と訳されることがありますが，その役割は異なるので，注意が必要です。

〔**as far as**：範囲の設定〕

・**As far as** I know, she is an efficient secretary. 〔私が知っている範囲内では〕
　私の知る限り，彼女は有能な秘書だ。

〔**as long as**：条件の設定〕

・**As long as** I live, I will never let you down. 〔私が生きているという条件で〕
　私が生きている限り，君を落胆させたりはしない。

次の文の空所に入れるのに最も適切なものを選んで入れよ。

1 After studying all afternoon, the students debated ⬚ abandon their books for a movie or return to the library in the evening.

    ① whether to   ② either   ③ not yet   ④ about to

    （慶應義塾大）

2 Our city is planning to build a new community center ⬚ the old factory is now.

    ① as   ② since   ③ when   ④ where   （立命館大）

3 ⬚ is optimistic about the outcome of the new project.

    ① Both the employees and the president
    ② Either the president or the employees
    ③ Not only the employees but also the president
    ④ The employees as well as the president   （中央大）

4 Unfamiliar ⬚ I was with classical music, I was impressed by the orchestra's performance of Beethoven's 6th symphony last night.

    ① although   ② as   ③ how   ④ while

    （立教大）

5 My old computer was quite complicated, ⬚ my new one is quite simple.

    ① despite   ② unlike   ③ wherever   ④ whereas

    （東京理科大）

6 Write down your password ⬚ you should forget it.

    ① in case   ② in order that   ③ so that   ④ unless

    （中央大）

1　①

▶ 空所後に動詞の原形 **abandon**「～をやめる」があるので，**to不定詞**にする必要があります。**whether to *do***「**do** するかどうか」となる ① **whether to** が正解です。

[和訳] 午後ずっと勉強をしたあとで，生徒たちは夕方に勉強をやめて映画に行くか，図書館に戻るかを議論した。

2　④

▶ 空所の前では主語や目的語の不足がなく，節が完成していることがわかります。よって，後続する節は副詞節となる必要があるので，「～するところに［へ，で］」という意味の場所の副詞節を導く接続詞の ④ **where** を入れるのが適切です。

[和訳] 私たちの市は，今古い工場がある場所に新しいコミュニティ・センターを建てることを計画している。

3　③

▶ 空所後が is で単数に一致しているのと文脈から，③が正解です。**Not only *A* but also *B*** の場合，数は **B に一致**させます。① both *A* and *B* は複数に一致，② either *A* or *B* は B に一致，④ *A* as well as *B* は A に一致となります。

[和訳] 従業員だけではなく，社長も新プロジェクトの結果に関し楽天的だ。

4　②

▶〈**形容詞＋as［though］＋S＋V**〉で「**～ではあるが**」という**譲歩**を表す節になります。よって，② **as** が正解です。

[和訳] クラシック音楽になじみはなかったが，私は昨夜のオーケストラによるベートーベンの交響曲第 6 番の演奏に感動した。

5　④

▶ 正解の ④ **whereas**「～である一方で」は若干格式ばった語ですが，**while** と同様に**対比**を表す接続詞として機能します。① despite は前置詞で「～にもかかわらず」，② unlike は前置詞で「～とは違って」，または形容詞で「似ていない」という意味になります。③ wherever は「～の所はどこでも」という意味の複合関係副詞です。

[和訳] 私の古いコンピューターはとても複雑だが，新しいものはとても単純だ。

6　①

▶〈**in case＋S＋（should）＋V**〉で「**もし～だといけないから**」という意味が表現できます。よって，① **in case** が正解です。② in order that と ③ so that は「～するように」，④ unless は「～でない限り」という意味になり，すべて文意が不自然です。

[和訳] 忘れてしまうといけないから，パスワードを書き留めておきなさい。

差がつく 15 題

1～5：次の文の空所に入れるのに最も適切なものを選んで入れよ。

1 There is no single human being, ⬚ even any single human society, that possesses the sum total of the heritage of humanity.

    ① besides   ② lest   ③ nor   ④ with

（中央大）

2 I'm a scientist, so I always try to look at things ⬚ they really are. This is how I find solutions to difficult problems.

    ① so   ② for   ③ as   ④ likes

（秋田県立大）

3 ⬚ that the room is painted yellow, it looks lovely and bright.

    ① Not   ② Now   ③ Since   ④ Unless

（関西学院大）

4 He speaks quite good English, ⬚ he's never had any lessons.

    ① since   ② in spite of   ③ although   ④ nevertheless

（法政大）

5 Definitions expressed in a particular language don't mean anything ⬚ you have a very good understanding of the language.

    ① although   ② lest   ③ otherwise   ④ unless

（中央大）

1 ③

▶ 空所前で **no による否定**が行われている点に注目し，③ **nor** で「また～もそうではない」という否定の表現を続けます。

[語句] human being 图「人間」，possess 他「～を所有する」，sum total 图「合計，全体」，heritage 图「遺産，伝統」

[和訳] 人類の遺産すべてを所有する単独の人物もいなければ，さらにはいかなる単独の人間社会さえない。

2 ③

▶ 空所後に〈S＋V〉があるので，**接続詞**として機能する語が必要です。〈**as S＋be**〉で「**S のありのままに**」という意味になります。よって，③ **as** が正解です。

[語句] solution 图「解決（策）」

[和訳] 私は科学者なので，常に物事を本当にありのままに見るように心がけている。このようにして私は難しい問題の解決法を見つけているのだ。

3 ②

▶ **now（that）～** で「**今はもう～であるから**」という意味の接続詞となります。よって ② **Now** が正解です。③ Since や ④ Unless は単独で用いる接続詞なので，that 節があとに続くことはありません。

[和訳] 部屋が黄色に塗られたので，すてきで，明るく見える。

4 ③

▶ 空所の前後で**譲歩**の関係が読み取れるので，③ **although** が正解です。① since は『理由』を表すので不自然です。② in spite of は前置詞で，④ nevertheless「にもかかわらず」は（接続）**副詞**なので，2 つの節を結びつけることはできません。

[和訳] 彼は 1 度もレッスンを受けたことがないのに，とても上手に英語を話す。

5 ④

▶ 空所前後が節なので，**接続詞**が必要であり，副詞の ③ otherwise は不可です。① although「～ではあるが」と ② lest「～しないように」はいずれも接続詞ですが，文意が不自然になるので，④ **unless**「**～でない限り**」が正解です。

[語句] particular 形「特定の」

[和訳] 特定の言語で表現される定義は，その言語を十分に理解していない限り何の意味も持たない。

6〜8：与えられた語句を並べ替えて，文を完成させよ。

6 我々の予算について君の同意が得られれば，私は君の計画に賛成します。

I will agree with your plan ☐ ☐ ☐ ☐
☐ ☐ ☐.

① our budget ② your agreement ③ that ④ on
⑤ provided ⑥ I ⑦ get
（高知大）

7 これらの海洋生物は摂氏90度以上でも生きられるという点が特異である。

These marine organisms ☐ ☐ ☐ ☐ ☐
☐ survive even in temperatures of over 90℃.

① unique ② they ③ that ④ in
⑤ can ⑥ are
（関西学院大）

8 インターネットにつながってさえいれば，どのコンピューターでも結構ですよ。

Any ☐ ☐ ☐ ☐ ☐ ☐ ☐
☐ ☐ ☐ the Internet.

① as ② computer ③ connected ④ do ⑤ is
⑥ it ⑦ long ⑧ so ⑨ to ⑩ will
（関西学院大）

9〜15：下線部のうち，誤りを含むものを選べ。

9 ①As it isn't easy to buy a videotape recorder anymore, I recommend ②that you convert your videos to DVDs ③when your old machine still ④works.

（学習院大）

10 The policeman who caught the man ①trying to steal a bicycle did not know ②for sure whether ③to arrest him or ④warning him first.

（中央大）

78

6 ⑤③⑥⑦②④① I will agree with your plan **provided that I get your agreement on our budget**.
▶ まず，接続詞として **provided that**（⑤③）「もし〜であれば」を入れ，そのあとに節の主述部分となる I get your agreement（⑥⑦②）を続けます。最後に「予算について」を表す on our budget（④①）を配置して完成です。　**語句** budget 图「予算」

7 ⑥①④③②⑤ These marine organisms **are unique in that they can** survive even in temperatures of over 90°C.
▶ 主語の These marine organisms の後に，述部の are unique（⑥①）を置き，「〜という点で」という意味の **in that**（④③）を続けます。最後に that 節中の〈主語＋助動詞〉である they can（②⑤）を配置して完成です。　**語句** temperature 图「温度」

8 ②⑩④⑧⑦①⑥⑤③⑨ Any **computer will do so long as it is connected to** the Internet.
▶ 文頭に **Any** があるので ④ do を用いた「S で間に合う」の表現を使って，computer will do（②①⑩④）「どのコンピューターでもよい」を作ります。次に，「〜である限り」を表す条件の接続詞となる **so long as**（⑧⑦①）を続けます。そのあとの節中では，主語の ⑥ it の後に受動態で is connected to（⑤③⑨）を配置して完成します。

9 ③ **when → while**
▶ ③ when は「〜のときに」という時点を示しますが，ここでは「（まだ古い機械が動いている）うちに」という時間的に幅を持った意味が適切なので，③ when を **while** に直します。① As は『理由』を表す接続詞，② that は recommend の目的語となる名詞節を導いています。なお，この that 節中の他動詞 convert「〜を変換する」は仮定法現在の原形です。④ work は「（機械などが）動く」の意味の自動詞です。
和訳 もはやビデオテープレコーダーを買うのは簡単ではないので，古い機械がまだ動くうちにビデオを DVD に変換しておくことをお勧めします。

10 ④ **warning → to warn**
▶ **whether A or B** で「A か B のどちらか」ですが，A と B には同じ形式を並列させる必要があります。ここでは A に当たる部分に whether to arrest という to 不定詞が後続しているので，④ warning も **to warn** という to 不定詞に直します。
語句 for sure 熟「確かに」，arrest 他「〜を逮捕する」，warn 他「〜に警告する」
和訳 男が自転車を盗もうとしているところを見つけた警官は，その男を逮捕すべきか，まず警告を与えるべきか，はっきりとはわからなかった。

11 The whole point of traveling ①is just to visit popular tourist sites in order to buy postcards ②to send home, but to meet interesting people ③whose ideas will be different ④from yours.

(中央大)

12 Taro ①worked hard on Friday ②so that he might get ③a day off on Saturday and ④spent more time with his three children.

(明治大)

13 She became ①very excited ②during the ice skating show that she ③begged her mother ④for a pair of skates.

(学習院大)

14 ①During searching ②for cash, the thieves ③came across a woman ④hiding upstairs.

(学習院大)

15 Although ①it is said that the newly introduced educational system ②will widen the gap between the rich and the poor in future generations, ③but time will tell if ④this is true or not.

(中央大)

11　① is just to → is **not** to

▶ ②の後のコンマの後ろに but があり，to不定詞が続いている点に注目します。ここでは **not A but B**「A ではなく，B（である）」という意味になるのが適切なので，① is just to を **is not to** に直します。　**語句** the whole point 名「肝心な点」

和訳 旅行のまさに肝心な点は，人気の観光地を訪れて家に送るための絵葉書を買うことではなく，自分とは考え方の異なる興味深い人々に出会うことだ。

12　④ spent more time → **spend** more time

▶ ④内の動詞 spent は so that 節の中にあり，助動詞 might の後の get と並列の関係になるので，原形の **spend** にする必要があります。

語句 get a day off 熟「1 日休みをもらう」

和訳 タロウは土曜日に休みをもらって，より多くの時間を 3 人の子供と過ごせるように，金曜日に一生懸命に働いた。

13　① very → **so**

▶ ① very では後続する that 節とつなげることができません。よって，very を **so** に変え，**so ～ that ...**「とても～なので…」の構文に直します。

語句 beg ～ for ... 熟「～に…を請う」

和訳 彼女はアイススケートのショーの間にとても興奮してしまい，母親にスケート靴をねだった。

14　① During → **While**

▶「～している間」の意味で〈during＋*doing*〉と言うことはできません。ここでは「～の間に」を表す ① During を接続詞の **While** に変え，そのあとの主語と be動詞（they were）が省略されたと考えます。

語句 come across ～ 熟「～に偶然出会う」，hide 自「隠れる」，upstairs 副「上の階に」

和訳 現金を探しているときに，泥棒たちは 2 階に隠れていた女性に出くわした。

15　③ but → **削除**

▶ 文頭に従属接続詞の **Although** がすでに示されているので，③の **but** は不要で，**削除する**必要があります。なお，time will tell は「時が教えてくれる」から「時がたてばわかる」という意味になります。　**語句** gap 名「格差」，generation 名「世代」

和訳 新しく導入された教育制度は，将来の世代で富裕層と貧困層の格差を拡大すると言われているが，これが正しいか否かは時がたてばわかるだろう。

さまざまな構文

この章では，否定・倒置・省略・強調といった諸々の構文に関する知識を整理し，より正確に文構造を把握する力を養います。さらに，日本語では不自然になる無生物主語の構文を用いた表現方法にも慣れていきましょう。

✓Check 1 疑問詞の強調

> 与えられた語句を並べ替えて，文を完成させよ。
> ☐ ☐ ☐ ☐ ☐ ☐ come up with such a crazy idea of swimming from Tokyo to Okinawa?
> ① did ② the ③ you ④ in ⑤ world ⑥ how （獨協大）

正解 ⑥④②⑤①③ **How in the world did you** come up with such a crazy idea of swimming from Tokyo to Okinawa?

解説 疑問詞の直後に **in the world** を置くことで**疑問詞が強調**されます。よって，How in the world（⑥④②⑤）をまず作り，そのあとに疑問文の語順で did you（①③）を続ければ文が完成します。 **語句** come up with 〜 **熟**「〜を思いつく」

和訳 一体どうして東京から沖縄まで泳いで行くなどというばかげた考えを思いついたのですか？

■ **疑問詞の強調に用いる表現**：疑問詞の強調では，**in the world** 以外に，**ever** や **on earth** も用いられます。

・*What* **ever** is she doing?
　一体彼女は何をやっているのだろう？

> 疑問詞の強調の場合，whatever とはしないのがふつうです。

・*Why* **on earth** did you do that?
　一体何で君はそんなことをしたんだ？

> on earth には「地上で，この世で」の意味もあります。

✓Check 2 倒置の〈C＋V＋S〉

> 次の文の空所に最も適切なものを選んで入れよ。
> ☐ here are interviews with key figures in French cultural history.
> ① To include ② Included ③ Including ④ Include （中央大）

正解 ②

解説 この文では主語である interviews が with 以降で修飾されていて長くなっているため，〈**補語＋動詞＋主語**〉という特殊な語順になっています。意味は受動になるのが適切なので，正解は ② **Included** になります。

和訳 ここに含まれているのは，フランス文化史の重要人物とのインタビューである。

無生物主語構文（✓Check 3 参照）は英語ではごく自然な表現であり，十分に理解しておく必要があります。さらに，強調や否定による倒置（✓Check 2 および p.84 押さえておきたい6題：1・3 など参照），強調構文（p.86 差がつく10題：1・4参照）なども頻出です。

■ 〈C＋V＋S〉の語順：主語が長い場合などに，主語と補語の順序が逆転することがあります。ただし，主語が代名詞の場合は〈C＋S＋V〉の語順になります。

・ cVery important vis syour opinion about the plan to go abroad during the holidays.
　非常に重要なのは，休暇で海外に行くという計画についてのあなたの意見です。

> 主語が非常に長いので，〈C＋V＋S〉の倒置になっています。

・ cUnlucky she vis [who is not satisfied with his work].

　不幸なのは，自分の仕事に満足しない人だ。

> 主語が長くても代名詞なので〈C＋S＋V〉の語順です。

✓Check 3　無生物主語構文

> 与えられた語句を並べ替えて，文を完成させよ。
> ジェインは3日間働けばそのコンピューターが買える。
>
> ☐ ☐ ☐ ☐ ☐ ☐ ☐.　　（1語不要）
>
> ① buy　　② computer　　③ days'　　④ if　　⑤ Jane
> ⑥ the　　⑦ three　　⑧ will　　⑨ work　　　　　（東京理科大）

正解 ⑦③⑨⑧①⑤⑥②　**Three days' work will buy Jane the computer.**
〔不要語：④ if〕

解説 「3日間の仕事」という**無生物主語**を用いた文を作ります。まず，Three days' work（⑦③⑨）という主語の後に動詞句 will buy（⑧①）を続けます。buy には 〈V＋O₁＋O₂〉「O₁ に O₂ を買ってやる」という用法があるので，最後に Jane the computer（⑤⑥②）を置いて完成です。この文を if を用いて表現すると，If she works for three days, she can buy the computer. となります。

■ 無生物主語構文の書き換え

・このバスに乗ればスタジアムに着く。
　This bus will *take* you to the stadium.　> 「このバスがあなたを連れていく」の意。
　＝ **You** can get to the stadium if you take this bus.

・どうしてこんなに早く学校に来たのですか？
　What *brought* you to school so early?　> 「何があなたを連れて来たのか」の意。
　＝ **Why** did **you** come to school so early?

次の文の空所に最も適切なものを選んで入れよ。

1 No [____] had he arrived in the city than his wallet was stolen.

    ① better   ② longer   ③ more   ④ sooner

(中央大)

2 Contrary to popular belief, aerobic exercise does not make you tired and sleepy. If [____], it helps you concentrate more.

    ① anything   ② everything   ③ nothing   ④ something

(立教大)

3 [____] did I know that the course of my life was about to change at that time.

    ① Less   ② Little   ③ Lots   ④ Much

(学習院大)

4 It remains [____] whether the economic stimulus package will make a significant impact on the economy.

    ① seeing   ② seen   ③ to seen   ④ to be seen

(青山学院大)

5 Your aunt hardly ever leaves her house, [____]?

    ① is she   ② does she   ③ isn't she   ④ doesn't she

(立教大)

6 [____] does not love a green field filled with beautiful flowers?

    ① How   ② Where   ③ Who   ④ Why

(獨協大)

1 ④

▶ 〈**No sooner had + S + Vpp ～ than ...**〉で「～するとすぐに…」という意味です。よって，④ **sooner** が正解です。この文は**倒置文**ですが，倒置しない場合は He had **no sooner** arrived ... となり，no sooner は had と Vpp の間に置かれます。

[和訳] 彼はその都市に着くとすぐに，財布を盗まれた。

2 ①

▶ **if anything** で「**どちらかと言えば**」という慣用表現です。接続詞 if の後は anything のみで，〈主語 + 動詞〉の形にはならない点に注意が必要です。

[語句] contrary to ～ [熟]「～とは逆に」，aerobic [形]「有酸素の」，concentrate [自]「集中する」

[和訳] 一般的に知られていることとは異なり，有酸素運動では疲れたり，眠くなったりはしない。どちらかと言うと，集中力を高めるのに役立つ。

3 ②

▶ 空所の後が did I know と**倒置**になっている点に注目します。**否定の副詞語句が文頭**に置かれると倒置が起こるので，② **Little**「**少しも～ない**」が正解です。

[和訳] 私はそのとき，自分の人生の方向が変わりかけていたことを少しも知らなかった。

4 ④

▶ 文の主語の It は whether 以下の名詞節を指しています。動詞 **remain** には to 不定詞をあとに続けて「**まだ～されないでいる**」という意味の用法があり，この場合，to 不定詞は受動態の形になります。よって，④ **to be seen** が正解です。

[和訳] 経済刺激策が経済に重大な影響を与えるかどうかはまだわからない。

5 ②

▶ **付加疑問**を作る問題ですが，コンマの前の主語は Your aunt，述語動詞は一般動詞の leaves が用いられています。さらに副詞の **hardly**「**ほとんど～ない**」で**否定**が示されているので，肯定の〈助動詞 + 主語〉の形である ② **does she** が正解です。

[和訳] あなたのおばさんはほとんど家を出ないのですよね？

6 ③

▶ does not love の主語になる語が必要であることから，正解は，疑問詞の ③ **Who** になります。この文は Who does not love ... ?「だれが好きでないだろうか」というふつうの疑問文の意味から派生して，**修辞疑問文**として**反語的**に「好きでない人はいないだろう」というニュアンスを伝えています。

[和訳] 美しい花でいっぱいの緑の野原をだれが好きではないだろうか。

1〜6：与えられた語句を並べ替えて，文を完成させよ。

1 Tell me ☐ ☐ ☐ ☐ ☐ ☐ ☐
to discuss with you. I don't have much time.

    ① is   ② it   ③ me   ④ that
    ⑤ you   ⑥ want   ⑦ what

（立教大）

2 この証明書があれば，彼は何も問われずに関門を通過できるだろう。
This document ☐ ☐ ☐ ☐ ☐ ☐
the gate without being questioned.

    ① enable   ② pass   ③ him   ④ through
    ⑤ to   ⑥ will

（関西学院大）

3 そんな長い距離を車で旅するなんて，絶対にしたくない。
☐ ☐ ☐ ☐ ☐ ☐ ☐. （1語不要）

    ① thing   ② car is   ③ I want to do   ④ never
    ⑤ a long distance   ⑥ the last   ⑦ traveling such   ⑧ by

（中央大）

4 問題は，コストではなくサービスの質です。
It is ☐ ☐ ☐ ☐ ☐ ☐ ☐.

    ① matters   ② the quality of   ③ the cost   ④ but
    ⑤ that   ⑥ not   ⑦ the service

（中央大）

5 ☐ ☐ ☐ could immediately see the ☐
☐ those great books.

    ① of   ② a   ③ student   ④ single   ⑤ not   ⑥ qualities

（獨協大）

1　⑦②①④⑤⑥③　Tell me **what it is that you want me** to discuss with you. I don't have much time.

▶ まず tell の目的語になる疑問詞の ⑦ what を置き，そのあとに **it is ～ that ...** の**強調構文**を続けます。ただし，強調される要素である what がすでに示されているので，it is that（②①④）の語順となります。that 節中は you want me（⑤⑥③）であとに続く to 不定詞につなぎ，〈want + O + to *do*〉「O に～してほしい」を作ります。

和訳 あなたが私と話し合いたいのが何なのか教えてください。私はあまり時間がありません。

2　⑥①③⑤②④　This document will enable him to pass through the gate without being questioned.

▶ 文の主語が This document なので，**無生物主語構文**を考えます。〈S + enable + O + to *do*〉「S は O が do するのを可能にする」から，まず，will enable him（⑥①③）とし，そのあとに to 不定詞 to pass through（⑤②④）「～を通り過ぎること」を置いて完成です。

3　⑦⑤⑧②⑥①③　**Traveling such a long distance by car is the last thing I want to do.**〔不要語：④ never〕

▶「絶対にしたくない」を表すのに，④ never に固執してはいけません。**the last thing**「最後のこと」から「**最も～でないこと**」という意味になります。動名詞句の Traveling such a long distance（⑦⑤）と by car is（⑧②）で主語と述語動詞を作り，補語に the last thing（⑥①）を置き，関係詞節の ③ I want to do を続けて完成です。

4　⑥③④②⑦⑤①　It is **not the cost but the quality of the service that matters.**

▶ 形式主語の It があるので，文末に that matters（⑤①）を置き，**It is ～ that matters.**「重要なのは～だ」の**強調構文**を利用します。さらに「**A ではなく，B だ**」を表す **not *A* but *B*** を使い，not the cost but the quality of the service（⑥③④②⑦）を that の前に置けば文の完成です。

5　⑤②④③／⑥①　**Not a single student** could immediately see the **qualities of** those great books.

▶ すでに動詞句が could immediately see と示されているので，⑤ not による動詞の否定はできません。よって，**not a single ～**「1 つの～もない」を用いて，Not a single student（⑤②④③）という主語を作ります。後半は，the の後に〈名詞 + 前置詞〉である qualities of（⑥①）を入れれば those ... につながり，文が完成します。

和訳 1 人の学生すらそれらのすばらしい本の価値をすぐには理解できなかった。

6 想像力を少し働かせれば，その法律がいかに重要であるかがわかるだろう。

A ☐ ☐ ☐ ☐ ☐ ☐ ☐

☐ ☐ ☐ law is.

① exercise ② how ③ imagination ④ important ⑤ little
⑥ of ⑦ tell ⑧ the ⑨ you ⑩ will

（青山学院大）

7〜10：下線部のうち，誤りを含むものを選べ。

7 Not far from the historic buildings ①are an ancient church that has ②barely changed ③for centuries and is surrounded ④by long grass.

（関西外国語大）

8 She could not see her child ①sleep ②except thinking of ③what was yet ④to come.

（学習院大）

9 ①Having checked the course description ②on the website, Alison decided to ③take International Law this semester, and so ④is Bill.

（学習院大）

10 ①Only through intensive and extensive research ②can a drug ③to combat the virus ④being found.

（学習院大）

6　⑤①⑥③⑩⑦⑨②④⑧　<u>A little exercise of imagination</u> <u>will tell</u> <u>you</u>
S V O₁
<u>how important the</u> law is.
O₂

▶「働かせれば」という条件の和訳が提示されていますが，if などの語がないので，**無生物主語構文**を考えます。文頭の A の後にまず，little exercise of imagination（⑤①⑥③）で「想像を少し働かせること」という主語を作り，動詞句 will tell（⑩⑦）を続けます。そのあとに間接目的語の ⑨ you，そして直接目的語を導く how important（②④）を配置して，最後に law の前に冠詞の ⑧ the を置いて文の完成です。

7　①　**are → is**

▶ 文頭の Not far 〜 buildings 部分の **far は形容詞**なので，文の主語ではありません。この文は〈C+V+S〉の倒置の形で，主語は an ancient church です。動詞は**単数一致**となるべきなので，① are を **is** に直します。　**語句** for centuries 熟「何世紀もの間」
和訳 歴史的建物から程遠くない所に，何世紀もほとんど変わらず，背の高い草に囲まれた古代の教会がある。

8　②　**except → without**

▶ ② except「〜を除いて」では文意が成立しません。**not 〜 without ...** で「…せずに〜することはない」という**二重否定**にするのが適切なので，except を **without** に直します。なお，④ to come は be yet to do「まだ do していない，これから do する」から，what was yet to come で「これからやってくること」という意味です。
和訳 彼女は自分の子供が寝ている姿を見ると必ず，これから起こることを考えずにはいられなかった。

9　④　**is → did**

▶「〜も…だ」という意味で so is Bill となっていますが，先行する節中で対応する動詞は be 動詞ではなく，**一般動詞の decided** なので，④ is を過去形の助動詞 **did** に直す必要があります。　**語句** description 名「記述」，semester 名「学期」
和訳 ウェブサイトで授業内容の記述を確認して，アリソンは今学期に国際法を取ることに決めたが，ビルもそうだった。

10　④　**being found → be found**

▶ only で導かれた副詞句が文頭にあり，**倒置**の構造になっていますが，can に続く動詞が ④ being found となっており，〈**助動詞＋動詞の原形**〉**の規則から外れています**。よって，being を **be** に直して受け身の形にする必要があります。
語句 intensive 形「集中的な」，extensive 形「広範囲な」
和訳 集中的で広範囲な研究を通じてのみ，そのウィルスと闘う薬が見つけられるだろう。

9 名詞・代名詞の語法

　この章では名詞・代名詞を扱いますが，名詞については慣用的に決まる特定の語との結びつきや基本語の持つ特殊な意味などを意識して学習しましょう。代名詞に関しては，さまざまな慣用表現に関する知識を拡充しましょう。

☑Check 1　特殊な複数形を持つ名詞

> 下線部のうち，誤りを含むものを選べ。
> This is an extremely ①interesting scientific ②phenomena, but ③of no practical use ④whatsoever.　　　　　　　　　　　　　　　　　　　　　（青山学院大）

正解 ②　**phenomena → phenomenon**

解説 ② phenomena は名詞 **phenomenon**「現象」の複数形です。ここでは主語 This に対応する補語として単数が正しいので，単数形の **phenomenon** にする必要があります。なお，③の of は「～を持つ」の意の属性の前置詞です。

語句 be of use 熟「役に立つ」，whatsoever 副「（否定文で）少しも」

和訳 これは非常に興味深い科学現象だが，実用性は全くない。

■ 特殊な形を持つ名詞の複数形：特殊な形になる複数形に注意しましょう。

crisis → crises「危機」　　　　　　　　datum → data「データ」

hypothesis → hypotheses「仮説」　　　　curriculum → curricula

criterion → criteria「基準」　　　　　　　　　　　　「教育課程」

stimulus → stimuli「刺激」　　　　　　medium → media「媒体」

antenna → antennae「触角」

　　　→ antennas「アンテナ」

☑Check 2　〈前置詞＋再帰代名詞〉

> 次の文の空所に最も適切なものを選んで入れよ。
> The door into his room opened 　　　　 itself.
> ① by　　② for　　③ on　　④ with　　　　　　　　　　　　（学習院大）

正解 ①

解説 (all) **by oneself** で「ひとりでに，自然と」という意味なので，① **by** が正解です。この表現には「ひとりぼっちで」や「独力で」という意味もあります。

和訳 彼の部屋に入るドアが勝手に開いた。

■ 〈前置詞＋*one*self〉の表現

・（**all**) **to *one*self**：自分だけに［で］

　She has a large room **to herself**.　彼女は大きな部屋をひとり占めしている。

・**for *one*self**：自分自身のために；（他人に頼らず）自分で

　You must find the answer **for yourself**.　自分で答えを見つけなさい。

・**in *one*self**：それ自体で［は］　※ in itself や in themselves の形で用いる。

　The computer **in itself** is very good.　コンピューター自体はとてもよい。

✓Check 3 名詞と結びつく特定の前置詞

下線部のうち，誤りを含むものを選べ。

Originally a protest against ①conventional painting, the Romantic movement ②had a great influence ③for the art of ④its time.　　　　　　　　（立教大）

正解 ③　**for → on** または **upon**

解説 名詞 influence は **have an influence on**［**upon**］～ で「～に影響を与える」という意味になります。よって，③ for を **on** または **upon** に直します。

和訳 本来，伝統的な絵画への抗議であったロマン主義運動は，当時の芸術に大きな影響を与えた。

■ 注意すべき名詞と前置詞の組み合わせ

　ある語が特定の語と結びつくパターンを**コロケーション**と言いますが，名詞の中には特定の前置詞と結びついてフレーズになるものがあります。例えば「**影響**」を意味する **influence**，**effect**，**impact** は **on**［**upon**］という前置詞と結びつきます。

・The results had a great **influence on**［**upon**］their decision.
　その結果は彼らの決定に大きな影響を与えた。

・Her advice had no **effect on**［**upon**］my choice.
　彼女のアドバイスは私の選択に全く影響を与えなかった。

・His father's lifestyle had a huge **impact on**［**upon**］him.
　彼の父親の生活スタイルが彼に非常に大きな影響を与えた。

次の文の空所に最も適切なものを選んで入れよ。

1 Spring is finally here so that means baseball season is just around the ☐.

① road　　② time　　③ corner　　④ park

（青山学院大）

2 A: Do we still have any coffee in the pot?
B: No, ☐ left.

① not more is　　② there's none
③ we don't any　　④ we have anything

（青山学院大）

3 We tend to think of him as unsociable, but that is not the ☐.

① bias　　② case　　③ matter　　④ reasoning

（学習院大）

4 If he acts like a child, he must be treated as ☐.

① it　　② this　　③ such　　④ that

（関西学院大）

5 ☐ parents will go abroad next month.

① Her both　　② Both her
③ Her both of　　④ Both her of

（関西学院大）

6 I don't think I can be on ☐ terms with him.

① friend's　　② friends'　　③ friendly　　④ friend

（獨協大）

1 ③

▶ **(just) around the corner**「(ちょうど)角を曲がったところで」という文字どおりの意味から派生して,「間近で」という意味にもなるので,③ **corner** が正解です。so は「それで」の意味の接続詞で,that は means の主語となり,Spring ... here を指す指示代名詞です。

[和訳] 春がやっとここにも来たが,それは野球シーズンが間近であることを意味している。

2 ②

▶ B の応答の初めに No とあるので,**否定**の意味の文にする必要があります。〈**there be ～＋Vpp**〉「**V される～がある**」から,**there's none left**「**何も残っていない**」が適切だと判断できるので,② **there's none** が正解です。

[和訳] A：ポットにまだコーヒーある？　B：いや,全く残ってないよ。

3 ②

▶ **case** は the case で「**実情,真相**」という意味があるので,② **case** が正解です。case には,ほかに「実例」,「(犯罪などの)事件」,「(病気の)症例」,「主張,論拠」という意味もあることを覚えておきましょう。[語句] think of *A* as *B* [熟]「A を B と見なす」

[和訳] 私たちは彼を社交的でないと見なしがちだが,実際はそうではない。

4 ③

▶ **as such** で「**そういうものとして,それなりに**」という意味になります。よって,③ **such** が正解です。

[和訳] もし彼が子供のように振る舞えば,彼はそれなりに扱われなければならない。

5 ②

▶ **both** は**代名詞**と**形容詞**それぞれの用法がありますが,代名詞の場合は所有格などで修飾できないので,③は不適切です。形容詞の場合には,定冠詞・指示形容詞・所有格の名詞や代名詞と一緒に用いられるときはその前に置かれます。よって,② **Both her** が正解です。

[和訳] 彼女の両親は共に来月,海外に行くだろう。

6 ③

▶〈**be on ＋形＋terms with ...**〉で「**…と～の間柄である**」という意味です。terms の前には形容詞が必要なので,③ **friendly** が正解です。なお,term には「期間」,「専門用語」,「学期」,「(契約などの)条件」という意味もあることを覚えておきましょう。

[和訳] 私は彼と仲よくなれるとは思わない。

1〜5：与えられた語句を並べ替えて，文を完成させよ。

1 私たちの息子を寄宿学校にやろうかどうか考え直しているところだ。

◻︎ ◻︎ ◻︎ ◻︎ ◻︎ ◻︎ ◻︎

to the boarding school.

① thoughts　② having　③ second　④ son
⑤ our　⑥ we're　⑦ sending　⑧ about

（中央大）

2 昨年の夏は節電が至上命令だった。

It was ◻︎ ◻︎ ◻︎ ◻︎ ◻︎ ◻︎ ◻︎

◻︎ consumption last summer.

① down　② must　③ electricity　④ to cut
⑤ absolute　⑥ an　⑦ for us　⑧ on

（中央大）

3 Once she has burst into tears, there is ◻︎ for ◻︎

◻︎ ◻︎ ◻︎ alone for a while.

① it　② leave　③ nothing　④ but　⑤ to　⑥ her

（獨協大）

4 The teacher was particularly ◻︎ ◻︎ ◻︎ ◻︎

◻︎ ◻︎ ◻︎ .

① that　② behave　③ students　④ anxious
⑤ his　⑥ should　⑦ themselves

（青山学院大）

5 Everyone except us knew that the schedule changed a couple of days ago. It is a great pity that ◻︎ ◻︎ ◻︎ ◻︎

◻︎ ◻︎ ◻︎ us.　（1語不要）

① anything　② between　③ either　④ no
⑤ of　⑥ one　⑦ said　⑧ to

（青山学院大）

1 ⑥②③①⑧⑦⑤④ **We're having second thoughts about sending our son** to the boarding school.

▶ second thoughts「2番目の考え」という文字どおりの意味から，**have second thoughts** で「**考え直す**」という意味になります。よって，まず We're having second thoughts（⑥②③①）を作り，thoughts の内容を表すために，前置詞の ⑧ about，動名詞句の sending our son（⑦⑤④）を続けて文の完成です。

2 ⑥⑤②⑦④①⑧③ It was **an absolute must for us to cut down on electricity** consumption last summer.

▶ 和文中の「命令」そのものに該当する名詞がないので，**must** の**名詞**としての意味「**絶対必要なもの［こと］**」を利用し，an absolute must（⑥⑤②）とします。そのあとに〈意味上の主語＋不定詞〉の形 for 〜 to do「〜にとって do すること」である for us to cut（⑦④）を置いて，cut down on 〜「〜（の消費量）を減らす」の意味となる down on（①⑧）を配置し，③ electricity を続けて目的語となる名詞句を完成します。

3 ③／①④⑤②⑥ Once she has burst into tears, there is **nothing** for **it but to leave her** alone for a while.

▶ **there is nothing**（else）**for it but to** *do* で「**〜するよりしかたがない**」という意味の慣用表現になるので，最初の空所に ③ nothing を入れて，for の後には it but to leave（①④⑤②）を続けます。最後に〈**leave＋O＋alone**〉「**O を 1 人にしておく**」の構造を見抜いて，目的語に当たる ⑥ her を入れて完成です。

和訳 彼女はひとたび急に泣き出すと，しばらくの間 1 人にしておくよりしかたがない。

4 ④①⑤③⑥②⑦ The teacher was particularly **anxious that his students should behave themselves**.

▶ まず was の補語になる形容詞の ④ anxious「〜を切望して」を置き，① that 節を続けます。that 節内は his students（⑤③）を主語とし，述部は **behave one**self「**行儀よくする**」を用いて，should behave themselves（⑥②⑦）とします。

和訳 その教員は自分の生徒たちが行儀よくしていることをとりわけ望んでいた。

5 ④⑥⑦①⑧③⑤ It is a great pity that **no one said anything to either of** us.〔不要語：② between〕

▶ **it is a great pity that** 〜「**〜は非常に残念だ**」の that 節の内容を作ります。まず no one said anything to（④⑥⑦①⑧）で「**〜にだれも何も言わなかった**」とし，**no**［**not**］**〜 either** で「**どちらも〜でない**」の意味になることから either of（③⑤）を配置し，文末の us につなげます。

和訳 私たち以外のだれもが数日前にスケジュールが変更になったことを知っていた。だれも私たちのどちらにも何も言ってくれなかったのはたいへん残念だ。

6〜15：下線部のうち，誤りを含むものを選べ。

6 Ms. Goodman ①chose this bank because it allowed her to ②take out money at ③all branch at any time ④without a fee.

（学習院大）

7 In order to survive under water, ①fish and other creatures ②need to obtain ③the oxygen just as people ④do.

（学習院大）

8 ①Politically and economically, Japan ②went through ③period of enormous change after ④the Second World War.

（学習院大）

9 Airline regulations allowed only ①two baggages to ②be carried on board ③during my flight ④from Osaka to Paris.

（学習院大）

10 When the accident ①happened, the flight ②crews made sure that the ③passengers ④got out of the plane safely.

（学習院大）

6　③　all → any

▶ **branch**「支店」は**可算名詞**なので，前に all がつくと複数形になります。この文では，単数形の branch で，「どの支店でも」という意味にするのが適切なので，③ all を **any** に直します。

[和訳] グッドマンさんは，どの支店でも手数料なしでいつでもお金を引き出せるので，この銀行を選んだ。

7　③　the oxygen → oxygen

▶ ③ the oxygen では「ある特定の酸素」の意味になってしまい，文意が不自然です。特に限定された「酸素」ではないので，定冠詞の the を削除する必要があります。

[和訳] 水中で生存するために，魚やほかの生物は，人間と全く同様に酸素を得る必要がある。

8　③　period → a period

▶ 名詞 ③ period は**可算名詞**なので，文脈からも無冠詞単数で用いられるのは不適切です。ここでは，不定冠詞の a を加える必要があります。

[語句] enormous [形]「ばく大な」

[和訳] 政治的にも経済的にも，日本は第二次世界大戦後，非常に大きな変化の時代を経てきた。

9　①　two baggages → two pieces [items] of baggage

▶ 名詞 **baggage** [**luggage**]「荷物」は集合名詞で，常に**単数形**で用います。よって，① two baggages とは言えず，数を明示したい場合には **a piece** [**an item**] **of ～** などのように用います。　[語句] regulations [名]「規則」，on board [熟]「搭乗して」

[和訳] 航空規則では，私の利用する大阪からパリへの便では，手荷物２つだけしか機内に持ち込むことが認められていなかった。

差がつくポイント　注意すべき集合名詞：crew と staff

10　②　crews → crew

▶ **crew** は「（飛行機などの）乗務員全体」という意味で，ここでは「その飛行機の乗務員」なので単数形が適切です。よって，② crews を **crew** に直します。

[和訳] 事故が起きたとき，飛行機の乗務員たちは，確実に乗客が安全に飛行機の外に出るようにした。

● **staff の用法**：名詞 staff も「スタッフ（全体）」を表します。日本語とは違い，個々のスタッフを表さないので，「彼はスタッフの１人だ」は He is *a staff*. ではなく，He is *on the staff*. や He is *a member of the staff*. と表します。

11 ①Every boy and girl know ②that today's cities ③are quickly becoming ④much too crowded.

（法政大）

12 ①All the people cared about ②were that the firefighters were there ③to save their loved ones ④trapped inside the burning building.

（中央大）

13 If humans have one ecological feature ①that distinguishes ②it from ③all other species, it is their ability to alter the landscape ④in which they live.

（学習院大）

14 ①Anything quite beats the luxury of soaking in a ②long, relaxing ③bath at the end of a ④tiring day.

（青山学院大）

15 ①Though humans ②long believed that the immensity of the oceans could absorb waste ③without any consequence, we now know that everything that we throw into the oceans ④pollute them.

（学習院大）

11 ① Every boy and girl know → Every boy and girl **knows**

▶ boy，girl それぞれが単数名詞である主語 (boy and girl) がひとまとまりで **Every** **によって修飾**されているので，**動詞は単数一致**になります。よって，①内の動詞 know を **knows** に直します。

和訳 少年も少女も皆，現代の都市は急速にあまりにも混雑しすぎてきていると知っている。

12 ② were that → **was** that

▶ 前置詞 about の目的語がないので，① All the people は「すべての人々」という意味ではなく，**All（that）the people cared about** で「**人々が関心を持っていたすべてのこと**」という，代名詞 All が関係詞節で修飾された名詞句です。よって，②の be 動詞 were は**単数一致**で **was** にする必要があります。 語句 trap 他「～を閉じ込める」

和訳 人々が関心を持っていたのは，燃えさかる建物に閉じ込められた，愛する人たちを助けるために，消防士たちが力になってくれるということだけだった。

13 ② it → **them**

▶ ② it だと単数なので名詞 feature を指すことになってしまい，主格関係代名詞 ① that の先行詞も feature なので，主語と目的語が同じになってしまいます。よって，it を **them** に変え，if 節中の主語 **humans を指す**ようにすれば，文意が成立します。 語句 ecological 形「生態学の」，feature 名「特徴」，distinguish 他「～を区別する」，species 名「(生物の) 種」

和訳 人類がほかのすべての種との区別となる生態学上の特徴を持っているとすれば，それは自分たちが暮らしている状況を変える能力である。

14 ① Anything → **Nothing**

▶ 肯定文で文頭に Anything が置かれると，「すべてのもの」という意味になりますが，この文中では，意味が不自然です。よって，① Anything を **Nothing** に直し，**Nothing (...) beats ～** で「**何も～を負かさない**」，すなわち「**～が一番だ**」という意味を表すようにします。 語句 luxury 名「贅沢」，soak 自「浸る」

和訳 疲れた 1 日の最後に，長くゆったり風呂につかる贅沢に勝るものはまずない。

15 ④ pollute → **pollutes**

▶ ④ pollute の主語は that we ～ oceans の関係詞節で修飾を受けた **everything** なので，**単数一致**にするために **pollutes** に直す必要があります。 語句 immensity 名「広大さ」，absorb 他「～を吸収する」，pollute 他「～を汚染する」

和訳 人間は長い間，海の広大さが何の影響もなく廃棄物を吸収できると考えていたが，今では我々が海に投げ捨てる物がすべて海を汚染するということがわかっている。

10 形容詞・副詞の語法

　この章では形容詞・副詞の用法に関する基本知識を土台にして，さらに個々の語の詳細な使い分けや意味の違いを確認していきます。特殊な用法や慣用的語法については，1つ1つ正確に押さえておきましょう。

☑Check 1 every の用法

次の文の空所に最も適切なものを選んで入れよ。
The questionnaire revealed that ▢ third student has a car.
① all ② another ③ both ④ every ⑤ some （中央大）

正解 ④

解説 空所後に序数詞の third があることに着目します。〈every＋序数詞＋単数名詞〉で「〜ごとに，毎〜」という意味になるので，④ every が正解です。

和訳 アンケートによると3人に1人の学生が車を持っていることが明らかになった。

■ every を用いた「〜ごとに」の表現

　〈every＋基数詞[few]＋複数名詞〉と〈every＋序数詞＋単数名詞〉の2通りの表現形式があります。
- この薬は8時間ごとに飲まなければいけない。
  - This medicine has to be taken **every** eight hours[eighth hour].
- オリンピックは4年ごとに開催される。
  - The Olympics are held **every** four years[fourth year].

☑Check 2 まぎらわしい形容詞

次の文の空所に最も適切なものを選んで入れよ。
It would have been more ▢ to save the money than to spend it all on clothes.
① sensational ② sensible ③ sensitive ④ sensual （中央大）

正解 ②

解説 主語の It は to不定詞を指す形式主語ですが，述語動詞に〈would have＋Vpp〉が用いられているので，この文は「〜していれば，…だっただろう」という仮定法過去完了の意味になります。ここでは，「分別がある，思慮深い」の意味が適切で，② sensible が正解になります。　**語句** sensational 形「衝撃的な」

和訳 お金をすべて服に使ってしまうのではなく，貯金しておけば，もっと思慮深かっただろうに。

似た形の形容詞の使い分け（☑Check **2** など参照），形容詞と不定詞の組み合わせ（☑Check **3** 参照）などは頻出です。さらに，〈形容詞＋前置詞〉（p.102 押さえておきたい6題：4，p.104 差がつく15題：2 など参照）に関する知識もよく問われます。

■ まぎらわしい形容詞

{ considerate：思いやりのある
{ considerable：（量などが）かなりの

{ economic：経済（上）の
{ economical：経済的な，節約になる

{ respectable：ちゃんとした
{ respectful：敬意を表する
{ respective：それぞれの

{ sensible：分別のある
{ sensitive：敏感な
{ sensory：感覚（器官）の
{ sensual：身体的な
{ sensuous：感覚に訴える

☑Check **3** 難易を表す形容詞

次の文の空所に最も適切なものを選んで入れよ。

Mary is ☐ to talk to.
① eager　　② smart　　③ hard　　④ afraid　　　　　　（獨協大）

正解 ③

解説 文末の目的語が後続していない前置詞の to に注目します。It is hard to talk to Mary.「メアリーに話をするのは難しい」の Mary を主語の位置に移動させた文だと判断できるので，③ **hard** が正解です。①は（be）eager to *do* で「ぜひ *do* したいと思う」，④は（be）afraid to *do*「怖くて *do* できない」です。

和訳 メアリーは話しかけにくい。

■ **難易を表す形容詞の語法**：難易を表す easy，difficult，tough などの形容詞は，不定詞の目的語を主語の位置に移動させた表現が可能です。

・その老人は喜ばせるのが難しい。

ₛThe old man is **difficult** *to please*.

= It is **difficult** *to please* ₒthe old man.

> 他動詞 please の目的語が主語の位置へ。

・彼女は友だちになりやすい。

ₛShe is **easy** *to make friends with*.

= It is **easy** *to make friends with* ₒher.

> 前置詞 with の目的語が主語の位置へ。

押さえておきたい6題

次の文の空所に最も適切なものを選んで入れよ。

1 People should get the subject's permission to post photos online; [____] they run the risk of getting into trouble.

    ① as long as   ② otherwise   ③ so that   ④ unless

（青山学院大）

2 I'm worried [____] my final exam in mathematics.

    ① about failing   ② to fail   ③ with failing   ④ to failing

（青山学院大）

3 Although he is young, his words have been attracting a [____] deal of attention.

    ① large   ② little   ③ good   ④ much

（中央大）

4 The city is notorious [____] its fogs.

    ① about   ② for   ③ in   ④ around

（関西学院大）

5 Her family is confident of Emily [____] completing her management training program.

    ① succeed   ② succeeding   ③ success   ④ successfully

（東京理科大）

6 Since I have been studying very hard, I am very [____] to pass the examination.

    ① easy   ② likely   ③ perhaps   ④ probable

（青山学院大）

1 ②

▶ 空所前にセミコロン（;）があることから，空所には接続詞ではなく，副詞を入れるのが適切です。「**さもなければ**」で文意が成立するので，② **otherwise** が正解です。

語句 subject 名「被写体」，permission 名「許可」，post 他「〜を投稿する」

和訳 写真をインターネットに投稿するには被写体の許可を得るべきだ。さもないと，面倒なことになる危険を冒すことになる。

2 ①

▶ worry には他動詞として **worry O about ...** で「…について O の気をもませる」という用法があります。それを受動態にした be worried about 〜 で「〜を心配している」という意味になるので，① **about failing** が正解です。

和訳 私は数学の最終試験に落ちるのが心配だ。

3 ③

▶ **a good**［**great**］**deal of 〜** で「たくさんの，多量の〜」という意味になるので，③ **good** が正解です。なお，a large number of 〜「多数の」や a small amount of 〜「少量の」では，large や small で数量の大小が示されます。

和訳 彼は若いが，彼の言葉は多くの注目を引きつけてきている。

4 ②

▶ 形容詞 **notorious** は「**（悪い意味で）有名な**」という意味で，その理由を示すには〈for ＋名詞〉とします。よって，② **for** が正解です。なお，「（良い意味で）有名な」は（be）famous for 〜 になり，（be）well-known for 〜 は良い意味でも悪い意味でも「有名な」という意味で用いられます。

和訳 その都市は霧で悪名高い。

5 ④

▶ 動名詞を修飾する副詞が必要なので，④ **successfully** が正解です。なお，空所前の Emily は動名詞 completing の意味上の主語です。

和訳 エミリーの家族は，彼女が経営トレーニングのプログラムをうまく完了すると確信している。

6 ②

▶ be 動詞の補語になる形容詞が必要ですが，I が主語なので，**人を主語にすることのできる形容詞** ② **likely** が正解になります。

和訳 一生懸命勉強してきたので，たぶん私は試験に合格するだろう。

1〜5：次の文の空所に最も適切なものを選んで入れよ。

1 It is a great pity that many soldiers returned home [ ].

    ① dead   ② deadly   ③ died   ④ to death

（関西学院大）

2 The label says this bread is [ ] of genetically modified ingredients.

    ① much   ② free   ③ good   ④ characteristic

（中央大）

3 Sam didn't know that the mathematics assignment was [ ] next Friday.

    ① available   ② due   ③ liable   ④ valid

（学習院大）

4 We always try to be [ ] of each other's opinions, no matter how much we disagree.

    ① respective   ② respectful
    ③ respecting   ④ respectable

（学習院大）

5 All participants of the speech contest were given book coupons [ ] $30 by the host college.

    ① cost   ② price   ③ value   ④ worth

（青山学院大）

1 ①

▶ 動詞 return は補語を必要としない自動詞ですが，補語に相当する語句（形容詞・名詞）をつけることで，**主語の状態に対する説明**を加えられます。この文では，主語の many soldiers が「亡くなって」という意味になるのが適切なので，形容詞の ① **dead** が正解です。

和訳 多くの兵士たちが亡くなって故郷に帰ったことはたいへん残念だ。

2 ②

▶ （be）**free of ～** で「（物質が）**入っていない，（不快なものが）ない**」という意味になります。よって，② **free** が正解です。④ characteristic は，〈S＋be characteristic of ～〉で「S は～に特有である」という意味になるので，ここでは不自然です。

語句 genetically 副「遺伝子的に」，modify 他「～を変更する」，ingredient 名「原料」

和訳 このパンには遺伝子組み換えの原材料は入っていないとラベルに書いてある。

3 ②

▶ 形容詞 **due** には叙述用法で「**期限の**」という意味があるので，正解は ② **due** となります。① available「入手できる」，③ liable（to *do*）「～しがちな」，④ valid「有効な」では，文意が成立しません。

語句 assignment 名「課題，宿題」

和訳 サムは数学の課題の締め切りが次の金曜だと知らなかった。

4 ②

▶ 文脈から，② **respectful** を入れて，（be）**respectful of ～**「**～を尊重する**」となるのが適切です。③ respecting は「～に関して」という意味の前置詞です。① respective「それぞれの」，④ respectable「ちゃんとした」では文意が不自然です。

和訳 私たちは，どんなに意見が合わなくとも，いつも互いの意見を尊重するよう心がけている。

5 ④

▶ coupons を後ろから修飾すると同時に，$30 という名詞を後続できる形容詞が必要なので，④ **worth**「**～の価値がある**」が正解です。worth は形容詞ですが，目的語をとることが可能なので，前置詞にも分類できます。

語句 participant 名「参加者」，coupon 名「クーポン，割引券」，host 名「主催者」

和訳 弁論大会の参加者は皆，主催大学から 30 ドル分の図書券をもらった。

6 彼は古代史の理解にかけてはだれにもひけをとらなかった。

He was ☐ ☐ ☐ ☐ ☐ ☐ ☐ history.

① to   ② ancient   ③ in   ④ second
⑤ of   ⑥ his   ⑦ understanding   ⑧ none

（中央大）

7 His attitude turned from ☐ ☐ ☐ very enthusiastic during the ☐ ☐ ☐ conversation.

① of   ② interested   ③ to   ④ their   ⑤ course   ⑥ politely

（獨協大）

8 彼の両親は彼の無作法な振る舞いに気づいていないか見て見ぬふりをしているかのどちらかだ。

His parents are ☐ ☐ ☐ ☐ ☐ ☐ ☐ ☐ to it.

① rude behavior   ② a blind eye   ③ or   ④ unaware
⑤ his   ⑥ either   ⑦ turning   ⑧ of

（中央大）

9 The new national stadium ☐ ☐ ☐ ☐ ☐ ☐ has to be unveiled to the press next week.

① far   ② is   ③ but   ④ complete   ⑤ being   ⑥ from

（獨協大）

10 Please ☐ ☐ ☐ ☐ ☐ ☐ change without any notice.

① subject   ② are   ③ prices   ④ to   ⑤ that   ⑥ note

（獨協大）

6 ④①⑧③⑥⑦⑤②　He was **second to none in his understanding of ancient** history.

▶「だれに対しても2番ではない」という文字どおりの意味から,「だれにもひけをとらない」を意味する **second to none**（④①⑧）の後に,「彼の理解の点で」という意味になる in his understanding（③⑥⑦）を続けます。そしてその後に前置詞の ⑤ of,その目的語となる history の前に修飾語 ② ancient を置いて完成です。

7 ⑥②③／⑤①④　His attitude turned from **politely interested to** very enthusiastic during the **course of their** conversation.

▶ **from A to B** の場合,**前置詞の後に形容詞が続く**こともあり,ここでは,動詞 turn「〜に変わる」の補語として,from の後に〈副詞＋形容詞〉の politely interested（⑥②）を置き,さらに ③ to を加え,「**A から B へと**」という意味にします。後半は,during the の後ろに course of（⑤①）を入れて「〜の流れの中で」を作り,最後に文末の conversation を修飾する所有格の ④ their を配置します。

[和訳] 彼の態度は,会話の成り行きの中で儀礼的に関心を装っていた状態から,非常に熱意を帯びた状態へと変化した。

8 ⑥④⑧⑤①③⑦②　His parents are **either unaware of his rude behavior or turning a blind eye** to it.

▶「どちらかだ」という和文から **either A or B** のパターンを考え,まず ⑥ either を置きます。次に be 動詞の補語として unaware of（④⑧）を続け,of の目的語に his rude behavior（⑤①）を置きます。さらに,③ or をつなげ,turning a blind eye（⑦②）を配置し完成です。　[語句] turn a blind eye to 〜 [熟]「〜を見て見ぬふりをする」

9 ②①⑥⑤④③　The new national stadium **is far from being complete but** has to be unveiled to the press next week.

▶ **far from 〜** で「〜には程遠い,全く〜でない」です。まず,動詞の ② is を置き,そのあとに far from（①⑥）,from の目的語として動名詞を用いた名詞句となるように ⑤ being と形容詞の ④ complete を続け,最後に ③ but を置いて完成です。

[和訳] 新しい国立競技場は完成には程遠いが,来週には報道陣に初公開されなければならない。

10 ⑥⑤③②①④　Please **note that prices are subject to** change without any notice.

▶ まず,文の述語動詞 ⑥ note とその目的語になる名詞節を導く ⑤ that を置きます。that 節中の主語は ③ prices とし,述部の are subject to（②①④）を続けます。**be subject to 〜** で「〜を受けやすい,〜されることがある」の意味です。

[和訳] 価格は予告なしに変更されることがあるのでご注意ください。

11～15：下線部のうち，誤りを含むものを選べ。

11 I saw the firefighters ①using ②a three-meters ladder to ③get onto the roof in order to ④extinguish the fire.

（中央大）

12 Visitors to Amsterdam are often ①struck by the language skills of the Dutch: ②just about everyone seems able ③to have spoken good English, and often French and German too, ④on top of their native tongue.

（学習院大）

13 I've come to think that buying ①in bulk is more ②economic than shopping ③for small ④quantities.

（青山学院大）

14 I ①would like to suggest ②that a firm boundary ③between "normal" and "disabled" people cannot be drawn ④meaningful.

（立教大）

15 It was ①very generous ②for you to ③lend them your new car ④for their holiday.

（関西学院大）

11 ② a three-meters ladder → a three-meter ladder
▶〈数詞＋名詞〉が１つにまとまって複合語として形容詞的に用いられる場合，**数詞が２以上でも複合語の名詞は単数**になります。よって，②内の three-meters は **three-meter** に直す必要があります。
語句 ladder 名「はしご」，extinguish 他「（火・光など）を消す」
和訳 私は消防士たちが火を消すために３メートルのはしごを使って屋根に上るのを見た。

12 ③ to have spoken → to speak
▶（be）able to *do* は「〜できる」という意味で，to不定詞の完了形だと「過去にできた能力を今持っている」という意味になり，明らかに不自然です。よって，③ to have spoken を **to speak** に直します。
語句 strike – struck – struck 他「〜に印象を与える」，on top of 〜 熟「〜に加えて」
和訳 アムステルダムを訪れた人はしばしばオランダ人の言語能力に強い印象を受ける。ほとんど皆が母語に加え，上手な英語を，さらにはしばしばフランス語やドイツ語も話せるように思えるからだ。

13 ② economic → economical
▶② economic は「経済（上）の」という意味で，ここでは不適切です。**economical** に変え，「経済的な，節約になる」という意味を表すようにします。
語句 in bulk 熟「大量に」
和訳 私は少量で買い物をするよりも，まとめ買いをするほうが経済的だと考えるようになった。

14 ④ meaningful → meaningfully
▶動詞 draw は〈draw＋O＋C〉という形では使えないため，形容詞④ meaningful では文が成立しないので，副詞の **meaningfully**「意味があるように」に直す必要があります。語句 boundary 名「境界（線）」，disabled 形「身体障害のある」
和訳「健常者」と「障害者」の間に確固たる境界線を意味があるように引くことはできないと，私は提言したい。

15 ② for you → of you
▶ to lend 以降は generous だという判断の根拠になります。**generous**「寛大な」は**人の性質を表す形容詞**で，② for you は **of you** にする必要があります。この文は，You are very generous to lend ... に書き換え可能です。
和訳 彼らの休日のために新車を貸してやるなんて，君はすごく気前がよかったね。

11 動詞の語法（1）

　この章と次の章では，文の骨格を作る動詞のさまざまな意味に加え，動詞によって決まる文構造のパターンについての理解を深め，さらに動詞を含んだいろいろな慣用表現をしっかりと覚えましょう。

✓Check 1 類似した意味を持つ動詞の使い分け

次の文の空所に最も適切なものを選んで入れよ。

I don't think that blue dress ▢▢▢ her.

① agrees ② suits ③ matches ④ meets （中央大）

正解 ②

解説 「（衣服の色などが）（人）に合う，似合う」という意味では，suit が適切なので，② **suits** が正解です。③の match は「（物が）（別の物）に合う」という意味で用います。

和訳 私は，あの青色のドレスは彼女に似合わないと思う。

■ match・go with ～・suit・fit

　同じような意味を持つ動詞ですが，主語と目的語の組み合わせにおいて，意味上の区別があるので注意が必要です。

・This tie **matches**〔**goes with**〕your shirt. 〔**match・go with：物と物が合う**〕
　このネクタイはあなたのシャツに合う。

・That pink dress will **suit** you very well. 　〔**suit：服の色や髪形が人に合う**〕
　あのピンクのドレスは君にすごく似合うだろう。

・These shoes don't **fit** me. 〔**fit：物のサイズが人に合う**〕
　この靴は私に（サイズが）合わない。

✓Check 2 〈V＋O＋from＋*doing*〉

次の文の空所に最も適切なものを選んで入れよ。

Put the pizza in the bottom of the oven to keep the cheese ▢▢▢ burning.

① against ② at ③ for ④ from （学習院大）

正解 ④

解説 〈**keep＋O＋from＋*doing***〉で「O が doing から離れた状態を保つ」という文字どおりの意味から，「O に do させない」の意味になるので，④ **from** が正解です。

和訳 チーズが焦げないようにするために，ピザをオーブンの下のほうに置きなさい。

■ 〈V＋O＋from＋doing〉のパターンをとる動詞

交通渋滞のため，彼は時間どおりに到着できなかった。

| The traffic jam | kept
stopped
prevented
hindered | him *from arriving* on time. |

> prevent よりも keep や stop のほうが口語的です。hinder は「邪魔をして遅らせる」という意味合いが強くなります。

※無生物主語の構文になっていますが，He を主語にすると，He could not arrive on time because of the traffic jam. のように書き換えられます。

☑Check 3　分離の of を用いる動詞

次の文の空所に最も適切なものを選んで入れよ。
After the meal, the table was ⬚ of the dishes.
　① cleaned　　② cleared　　③ removed　　④ taken　　　　（学習院大）

正解 ②

解説 clear *A* of *B* で「**A の B を片づける**」という意味になります。この文では A に相当する目的語が文の主語となり，受動態が用いられているので，**② cleared** が正解です。③ removed ならば，..., the dishes were removed from the table. となります。

和訳 食事の後，テーブルから皿が片づけられた。

■ 〈V＋A＋of B〉のパターンをとる動詞：このパターンで用いられる前置詞 of は「分離・はく奪・除去」を意味するので「**分離の of**」と呼ばれます。

The man **robbed** her *of* her handbag.	男は彼女からハンドバッグを奪った。
He was **deprived** *of* his freedom.	彼は自由を奪われた。
The drug **relieved** him *of* his pain.	薬で彼の痛みは和らいだ。
The doctor **cured** her *of* her illness.	医師は彼女の病気を治した。

次の文の空所に最も適切なものを選んで入れよ。

1 In order to prepare for the essay, I'll need to ☐ a number of books from the library.

① borrow ② invest ③ lend ④ rent

（明治大）

2 He took the trouble to inform ☐ as soon as it was announced.

① me the result ② me of the result
③ the result for me ④ on the result to me （関西学院大）

3 Although I didn't think I'd done anything wrong, my teacher ☐ me apologize to the class for my behavior.

① forced ② got ③ let ④ made

（立教大）

4 The wholesaler sells them for 50 cents each and the retailer, in turn, ☐ two dollars.

① charges ② buys ③ sells ④ deals

（青山学院大）

5 Young people need to ☐ carefully several issues when deciding on a university.

① consider ② respond ③ talk ④ think

（中央大）

6 My parents are trying to ☐ me from moving to London, but I'm planning to go anyway.

① discourage ② recall ③ observe ④ relieve

（獨協大）

1 ①

▶ 図書館から本を「借りる」場合は，通常，**無料で借りる**ので，① **borrow** が正解です。④ rent は「お金を払って借りる，お金をもらって貸す」という意味です。

和訳 小論文の準備をするために，私は図書館から本をたくさん借りる必要があるだろう。

2 ②

▶ 動詞 inform は「**A に B を知らせる**」の意味で **inform _A_ of _B_** という形をとります。よって，② **me of the result** が正解です。

和訳 彼は，結果が発表されるとすぐに，わざわざ私に知らせてくれた。

3 ④

▶ 空所後に原形動詞 apologize があるので，〈**V＋O＋動詞の原形**〉の形がとれる ③ let か ④ made の可能性があります。先行する節の内容から，「主語が O に**無理やりさせた**」ことが読み取れるので，強制的な意味合いのある ④ **made** が正解です。

和訳 私は何も悪いことをやったとは思っていなかったが，先生は私に自分の行動についてクラスの皆に対し謝らせた。

4 ①

▶ 空所後の目的語が two dollars という金額なので，「**〜を請求する**」という意味の ① **charges** が正解です。 語句 in turn 熟「（立ち代わって）今度は」

和訳 卸売業者はそれらを 1 つ 50 セントで売り，小売業者は，今度は 2 ドルを請求する。

5 ①

▶ 空所直後の副詞 carefully の後に，目的語になる名詞 several issues があることから，空所には**他動詞が入る**ことがわかります。② respond は，他動詞では that 節を目的語とし，③ talk は「〜について話す」の場合は talk about［of］〜，④ think は「〜について考える」では think about［of］〜 となるので，① **consider** が正解です。

和訳 若者は大学を決める際に，いくつかの問題を慎重に考える必要がある。

6 ①

▶ 空所後が〈名詞＋from＋_doing_〉になっていることから，この形をとる ① **discourage** が正解です。〈**discourage＋O＋from＋_doing_**〉で「**O が do するのを思いとどまらせる**」の意味です。なお，〈encourage＋O＋to _do_〉「O に do するよう励ます」という表現も覚えておきましょう。

和訳 両親は私がロンドンに引っ越すのを思いとどまらせようとしているが，私はとにかく行くつもりだ。

差がつく 15 題

1〜5：次の文の空所に最も適切なものを選んで入れよ。

1 I asked my sister to persuade Jim [____] to the concert, but I'm not sure if she can.

 ① coming ② to have come ③ is coming ④ to come

（獨協大）

2 I [____] him a safe and prompt return.

 ① longed ② hoped ③ wanted ④ wished

（青山学院大）

3 The small mountain village actually has a lot to [____] vacationers besides its famous hot springs.

 ① enjoy ② offer ③ prepare ④ tour

（中央大）

4 The accident almost [____] him his life.

 ① cost ② robbed ③ lost ④ deprived

（中央大）

5 The man was charged [____] violating security laws by spreading false information.

 ① by ② for ③ in ④ with

（青山学院大）

114

1 ④

▶ 〈**persuade＋O＋to *do***〉で「**O を説得して *do* させる**」という意味なので，④ **to come** が正解です。なお，〈**persuade＋O＋into＋*doing***〉も同様の意味です。

和訳 私は姉[妹]に，ジムにコンサートに来るよう説得してほしいと頼んだが，彼女が説得できるかは確かではない。

2 ④

▶ 空所後に him と return という 2 つの名詞があるので，〈S＋V＋O₁＋O₂〉の形をとって「**O₁ に O₂ を願う**」という意味になる ④ **wished** が正解です。① longed は「切望する」という意味で自動詞です。② hoped と ③ wanted はどちらも〈S＋V＋O₁＋O₂〉で用いられません。

和訳 私は彼の無事で早い帰りを願っていた。

3 ②

▶ 直前の a lot を修飾する形容詞用法の to 不定詞となります。空所後に vacationers という目的語があるので，〈S＋V＋O₁＋O₂〉の形をとる動詞が入ることがわかります。〈**offer＋O₁＋O₂**〉で「**O₁ に O₂ を提供する**」の意味になるので，② **offer** が正解です。ここでは，vacationers が O₁，a lot が O₂ です。　語句 vacationer 名「行楽客」

和訳 有名な温泉に加え，その小さな山村には実際，行楽客に提供するものが多くある。

4 ①

▶ 空所後に him と his life という目的語が 2 つある点に注目します。cost には〈**cost＋O₁＋O₂**〉で「**O₁ に O₂ を犠牲にさせる**」という用法があるので，① **cost** が正解です。② robbed や ④ deprived は〈**V＋*A* of *B***〉「**A から B を奪う**」の形で用います。

和訳 その事故で彼はあやうく命を失いそうになった。

差がつくポイント　「～を責める・～を非難する」

5 ④

▶ **charge *A* with *B*** で「**B のことで A を告発する[非難する]**」という意味なので，④ **with** が正解です。　語句 violate 他「～に違反する」

和訳 その男は誤った情報を広めることで保護法に違反したとして訴えられた。

● 「非難する」の意味を持つ動詞の語法
彼女は嘘をついたと彼を責めた。

She **accused** him of lying.	〈**accuse *A* of *B***〉
She **blamed** him for lying.	〈**blame *A* for *B***〉
She **condemned** him for lying.	〈**condemn *A* for *B***〉

6〜10：与えられた語句を並べ替えて，文を完成させよ。

6 We ⬚ ⬚ ⬚ ⬚ ⬚ ⬚ as a means of communication.

① make　② of　③ to　④ computers　⑤ need　⑥ better use

（福島大）

7 She would not ⬚ ⬚ ⬚ ⬚ ⬚ ⬚ if she had been more careful.

① have　② purse　③ robbed　④ her　⑤ of　⑥ been

（獨協大）

8 試験の結果は，自分が予想した以上によかった。

⬚ ⬚ ⬚ ⬚ ⬚ ⬚ ⬚ ⬚ .

（1語不要）

① better　② the test results　③ over　④ out　⑤ expected
⑥ I　⑦ turned　⑧ had　⑨ than

（中央大）

9 担当者は，書類の送付が大幅に遅れたことを謝った。

⬚ ⬚ ⬚ ⬚ ⬚ ⬚ ⬚ the documents.　（1語不要）

① sending in　② apologized　③ the long　④ in　⑤ in charge
⑥ delay　⑦ delivery　⑧ the person　⑨ for

（中央大）

10 この物理の試験では，電卓使用が可能です。

⬚ ⬚ ⬚ ⬚ ⬚ ⬚ ⬚ this physics test.　（1語不要）

① to　② allowed　③ a calculator　④ are
⑤ for　⑥ use　⑦ you　⑧ possible

（中央大）

6　⑤③①⑥②④　We **need to make better use of computers** as a means of communication.

▶ まず文の述語動詞として ⑤ need を置き，そのあとに to不定詞 to make（③①）を続けます。**make use of ～** で「～を利用する」なので，better use of（⑥②）を入れ，最後に of の目的語 ④ computers を置いて完成です。　**語句** means 名「手段」

和訳 私たちはコミュニケーションの手段として，コンピューターをもっと上手に使う必要がある。

7　①⑥③⑤④②　She would not **have been robbed of her purse** if she had been more careful.

▶ 助動詞の否定〈would ＋ not〉の後に have been robbed（①⑥③）を続けて「奪われなかっただろう」という仮定法過去完了の帰結節を作ります。rob は **rob A of B** で「**A の B を（力づくで）奪う**」の意味なので，of her purse（⑤④②）をあとに続けて完成です。

和訳 もっと注意深ければ，彼女は財布を奪われなかっただろう。

8　②⑦④①⑨⑥⑧⑤　The test results turned out better than I had expected.〔不要語：③ over〕

▶ 主語になる ② the test results を決めてから，「結果～となる」という意味の述語動詞 **turn out** を用いて，turned out better（⑦④①）を続けます。最後に比較のための than I had expected（⑨⑥⑧⑤）「私が予想していたより」を作り完成です。

9　⑧⑤②⑨③⑥④①　The person in charge apologized for the long delay in sending in the documents.〔不要語：⑦ delivery〕

▶ まず，主語の「担当者」を the person in charge（⑧⑤）で作り，述語動詞として ② apologized を続けます。apologize は自動詞で〈**apologize（to ＋ 人）for ～**〉「**（人に）～のことについて謝罪する**」という用法があるので，for the long delay（⑨③⑥）とし，最後に delay を修飾する in sending in（④①）を置いて文の完成です。

語句 in charge 熟「担当して」，delay 名「遅延」，send in ～ 熟「～を送付する」

10　⑦④②①⑥③⑤　You are allowed to use a calculator for this physics test.〔不要語：⑧ possible〕

▶ 〈**allow ＋ O ＋ to do**〉で「**O が do するのを許す**」の意味です。まず，主語に ⑦ you を置き，are allowed to use（④②①⑥）で受け身にします。そのあとに use の目的語の ③ a calculator を置き，最後に目的を表す前置詞の ⑤ for を続けて完成です。

語句 physics 名「物理」

11〜15：下線部のうち，誤りを含むものを選べ。

11 If you are ①accused by a crime, you have the right to be ②treated as innocent until you are proved guilty, according to the law. You have ③the right to a fair and public trial where you are ④allowed to defend yourself.

（中央大）

12 Wildlife populations ①depend on their environment or habitat ②to meet their basic needs ③for survival. An ecological system or habitat provides populations of wildlife ④to food, water, shelter and space.

（中央大）

13 According to some scientists, jogging is not always ①good for us because ②running on hard road surfaces can ③damage to joints, ④especially our knees and ankles.

（中央大）

14 Children all over the world ①believe Santa Claus, ②whose name is ③derived from ④a mispronunciation of Saint Nicholas.

（学習院大）

15 Roughly 20 to 30% of all species ①are going to be at risk of extinction ②if the average global temperature ③raises ④by 1.5 to 2.5℃ above 1990 levels.

（立教大）

11 　① 　accused by → accused of
▶ **accuse *A* of *B*** 「A を B のことで責める，訴える」という用法が正しいので，①内の by を **of** に直します。②は treat *A* as *B* 「A を B として扱う」の受動態，③は〈the right to＋名詞〉「〜を持つ権利」，④は〈allow＋O＋to *do*〉の受動態で，すべて正しい表現です。

和訳 法律によれば，あなたが犯罪で訴えられたとしても，有罪と立証されるまでは無罪として扱われる権利がある。あなたは公平かつ公開の裁判を受ける権利があり，そこでは自分を弁護することが許される。

12 　④ 　to → with
▶ **provide *A* with *B*** で「A に B を提供する，与える」なので，④の to を **with** に直す必要があります。① depend on 〜 は「〜に依存している」，② to meet は「（必要）を満たすために」，③ for survival は「生存のための」で，すべて正しい表現です。

和訳 野生生物の集団は生存のための基本的欲求を満たすことを環境すなわち生息地に頼る。生態系すなわち生息環境は野生生物の集団に食物，水，すみかと生活圏を提供する。

13 　③ 　damage to → 　damage
▶ ③の動詞 damage は**他動詞**なので，**to を削除**します。なお，damage を名詞として用いて，「〜へダメージを与える」を表す場合，do damage to 〜 となり，damage の後ろに to が必要です。　語句 surface 名「表面」

和訳 一部の科学者によると，ジョギングは必ずしも私たちにとってよいわけではないそうだが，それは硬い路面を走ることが関節，特に膝とかかとを痛める場合があるからだ。

14 　① 　believe → believe in
▶ believe は「人や人の言葉などを信じる」という意味で，「〜の存在を信じる」という意味を表すには，**believe in** を用いるので，① believe の後に **in** を加えます。

和訳 世界中の子供たちはサンタクロースを信じているが，その名前は聖ニコラスの間違った発音に由来している。

15 　③ 　raises → rises
▶ ③ **raises** は**他動詞**で目的語がないのは不適切なので，**自動詞 rises** に変えて「上がる」という意味に直します。この文は直説法なので，①は直説法現在で正しい表現です。④は「差・程度」を表す by です。　語句 extinction 名「絶滅」

和訳 もし全世界の平均気温が 1990 年のレベルより 1.5〜2.5℃高くなると，すべての生物種の約 20〜30 パーセントが絶滅の危機に瀕することになるだろう。

12 動詞の語法（2）

　前章に引き続き，この章でも動詞の使い方に関する知識を拡充することが目標です。同じ構造パターンをとる動詞をまとめて覚え，整理しておくことが重要です。さらに，慣用的な句動詞（〈動詞＋副詞〉や〈動詞＋副詞＋前置詞〉）も学習しましょう。

☑Check 1 「A を B とみなす」の表現

与えられた語句を並べ替えて，文を完成させよ。
ポーリーンはそれを一生涯の仕事であるとは全く考えなかった。
Pauline ☐ ☐ ☐ ☐ ☐ ☐ ☐. （1語不要）

① thought　② lifetime career　③ regarded　④ never
⑤ as　⑥ of　⑦ her　⑧ it　　　　（中央大）

正解 ④①⑥⑧⑤⑦②　Pauline **never thought of it as her lifetime career**.

解説 まず，否定の ④ never を入れ，動詞を探します。**think of A as B** で「A を B と見なす」の意なので，thought of it as（①⑥⑧⑤）を続け，最後に B に当たる her lifetime career（⑦②）を置いて完成です。　〔不要語：③ regarded〕

■「A を B と見なす」の表現

regard, **view**, **see**, **think of**, **look on**[**upon**]などはすべて〈**V＋A＋as＋B**〉で「A を B と見なす」という意味を表します。

だれも彼を天才と見なしていなかった。

Nobody | **regarded / viewed / saw / thought of / looked on**[**upon**] | him **as** a genius.

・しばしば受動態で用いられます。
・いずれも consider A (to be) B で書き換え可能です。

☑Check 2 do の特殊な意味

与えられた語句を並べ替えて，文を完成させよ。
サービスが悪いと不平を言ってもあなたにとって何もいいことはないよ。
Complaining ☐ ☐ ☐ ☐ ☐ ☐ ☐ ☐ good.　　　　（中央大）

① any　② about　③ won't　④ do　⑤ you　⑥ poor　⑦ service　⑧ the

正解 ②⑧⑥⑦③④⑤①　Complaining **about the poor service won't do you any** good.

受け身として用いられない自動詞（✓Check **3** 参照），結びつく前置詞によって意味が異なる動詞（p.124 差がつく 15 題：3 参照）などがよく問われます。さらに，動詞を含む慣用表現は常にさまざまなものが出題されているので出てきたものを覚えましょう。

解説 まず，文頭の Complaining に前置詞句 about the poor service（②⑧⑥⑦）を続け，そのあとに助動詞の ③ won't を置きます。さらに〈**do＋O＋good**〉「**O のためになる**」となるように do you（④⑤）を続けて，最後に「何も～ない」の意の not ～ any とするために ① any を置いて完成です。

■ **do の特殊な意味**：動詞 do には「（益・害）を与える」という意味があります。

・ジョギングは体によい。　Jogging will **do** you **good**.

・このテレビ番組は若者に大きな害となる。

　This TV program **does** young people *great* **harm**.

> ・〈**do＋O＋damage**〉「**O に損害を与える**」（= do damage to O）
> ・〈**do＋O＋a favor**〉「**O に恩恵を施す**」（= do a favor for O）
> ・〈**do＋O＋justice**〉「**O を公平に扱う**」（= do justice to O）

✓Check **3**　consist of ～　「～から成る」の語法

> 次の文の空所に最も適切なものを選んで入れよ。　　　　　　　　（学習院大）
> The United States of America ［　　　　］ fifty states and the District of Columbia.
> ① is consisted of　② is consisting　③ is comprised of　④ is comprising

正解 ③

解説 consist of ～「～から成る」は**自動詞**なので，受動態では用いられません。ここでは，受け身形で「**～から成る**」を表す ③ **is comprised of ～** が正解です。

和訳 アメリカ合衆国は 50 州とコロンビア特別区から成る。

■ **「～から成る」の表現**：構成要素を示す代表的な表現は，**consist of ～**，**be made up of ～**，**be comprised of ～**，**be composed of ～**，**be constituted of ～** などですが，**consist of ～ のみが能動態**で用いられることに注意しましょう。

　委員会は 15 人の女性で構成されている。

The committee	**consists of / is made up of / is comprised of / is composed of / is constituted of**	15 women.

次の文の空所に最も適切なものを選んで入れよ。

1. I wonder what has ⬚ of Mr. Fromm since he went back to England.

   ① become   ② been   ③ happened   ④ occurred

        （学習院大）

2 As we waited for the rescue team, our food supply ran ⬚.

   ① out   ② poor   ③ through   ④ weak

        （立教大）

3 Please see ⬚ it that a detailed instruction manual is attached to the microscope.

   ① by   ② in   ③ to   ④ with

        （中央大）

4 We've tried to ⬚ the insects in our house, but they are still everywhere.

   ① get rid of   ② get out of   ③ take hold of   ④ make fun of

        （獨協大）

5 You shouldn't look ⬚ him, just because he's younger than us.

   ① down on   ② forward to   ③ over to   ④ out with

        （学習院大）

6 I couldn't make ⬚ of this week's lecture.

   ① comprehension   ② grip   ③ sense   ④ together

        （東京理科大）

1 ①
▶ **what has become of ～** で「**～はどうなったか**」という意味を表す慣用表現です。よって，① **become** が正解です。③ happened や ④ occurred には〈to + 人〉の形が続きます。

和訳 イギリスに帰ってから，フロム氏はどうなったのだろう。

2 ①
▶〈**S + run out**〉で「**S がなくなる**」という意味になるので，① **out** が正解です。なお，**run out of ～**「**～がなくなる**」という表現を用いると，We *ran out of* our food supply. となります。

和訳 救助隊を待っていたときに，私たちの食料はなくなった。

3 ③
▶ **see (to it) that ～** で「**～するように注意する，～するように取り計らう**」という意味になります。よって，③ **to** が正解です。この表現は主に命令文の形で用いられます。 語句 detailed 形「詳細な」，microscope 名「顕微鏡」

和訳 顕微鏡には詳細な取扱説明書を必ず付けるようにしてください。

4 ①
▶ **get rid of ～** で「**～を取り除く，～を処分する**」の意味になるので，①が正解です。② get out of ～ は「～から出る」，③ take hold of ～ は「～をつかむ」，④ make fun of ～ は「～をからかう」の意味です。

和訳 私たちは家の中にいる虫を退治しようとしたが，まだあちこちにいる。

5 ①
▶ **look down on ～** で「**～を見下す，～を軽蔑する**」(= despise) という意味の表現になるので，① **down on** が正解です。「～を尊敬する」を表す表現は look up to ～ (= respect) です。

和訳 単に私たちより年下だからといって，彼を見下すべきではない。

6 ③
▶ **make sense (out) of ～** は「～から意味を作り出す」という文字どおりの意味から，「**～の意味をくみ取る，～を理解する**」という意味を表します。よって，③ **sense** が正解です。 語句 comprehension 名「理解」

和訳 私は今週の講義が理解できなかった。

差がつく15題

1〜5：次の文の空所に最も適切なものを選んで入れよ。

1 Come to [_____] of it, I know just the person who can help.

   ① think   ② imagine   ③ remember   ④ consider

（青山学院大）

2 About 12,000 years ago, the earth's climate began to turn warmer and wetter. The dry grasslands gradually disappeared, [_____] big fields of thick forests.

   ① getting rid of   ② giving way to
   ③ keeping up with   ④ running out of

（青山学院大）

3 To apply [_____] membership, please fill in the application form.

   ① after   ② for   ③ into   ④ of

（学習院大）

4 His sister grew up in France, which [_____] for her fluency in French conversation.

   ① stands   ② looks   ③ substitutes   ④ accounts

（中央大）

5 If you are determined to ignore the conditions of your contract come [_____] may, you could get in trouble.

   ① but   ② if   ③ though   ④ what

（青山学院大）

1 ① ①

▶ **come to think of it** で「考えてみると」という意味の文修飾の副詞句になります。よって，① **think** が正解です。これは **Now**（**that**）I come to think of it という節で表現されることもあります。

和訳 考えてみると，私はちょうど役に立つ人を知っている。

2 ②

▶ ② **give way to** は，文字どおりの「～に道を譲る」という意味から「**～に取って代わられる**」という比喩的な意味を表します。ここでの giving は doing「～して，そして」の分詞構文です。①は get rid of ～「～を取り除く」，③は keep up with ～「～に遅れずについて行く」，④は run out of ～「～がなくなる」の意味です。

語句 grassland 名「草原」

和訳 約1万2千年前，地球の気候はだんだん暖かく，湿度が高くなり始めた。乾燥した草原はしだいに姿を消し，木々が生い茂った大きな森林地帯に取って代わられた。

3 ②

▶ **apply for ～** で「～に申し込む」という意味になるので，② **for** が正解です。なお，apply to ～ だと「～に申請する，～に出願する，～に適用される，～に当てはまる」という意味になります。

語句 membership 名「会員の資格」，application 名「申し込み」

和訳 会員に申し込むには，申込用紙に記入してください。

4 ④

▶ **account for ～** で「～を説明する」という意味なので，④ **accounts** が正解です。① stand for ～ は「～を表す」，② look for ～ は「～を探す」，③ substitute for ～ は「～の代わりになる」の意味です。　語句 fluency 名「流ちょうさ」

和訳 彼の姉[妹]はフランスで育ったが，それでフランス語会話が流ちょうなことの説明がつく。

5 ④

▶ **come what may** で「**何が起ころうとも**」という意味の譲歩を表す慣用表現です。よって，正解は ④ **what** になります。

語句 be determined to do 熟「do しようと決める」，ignore 他「～を無視する」，contract 名「契約」，in trouble 熟「困った状態で」

和訳 何が起ころうと契約条件を無視しようと決めたのだとしたら，あなたは面倒に巻き込まれるかもしれないよ。

6〜10：与えられた語句を並べ替えて，文を完成させよ。

6 私たちは天気がよいのを利用して野外活動をした。
We ☐ ☐ ☐ ☐ ☐ ☐ ☐
☐ outdoor activities.

① our ② of ③ the ④ advantage
⑤ took ⑥ do ⑦ to ⑧ weather

（中央大）

7 この写真を見ると，いつもスイスへの一人旅のことを思い出す。
This ☐ ☐ ☐ ☐ ☐ ☐ ☐
☐ ☐ ☐ took by myself.

① always ② I ③ me ④ of ⑤ photograph
⑥ reminds ⑦ Switzerland ⑧ the ⑨ to ⑩ trip

（青山学院大）

8 I wonder if we are properly ☐ ☐ ☐ ☐
☐ ☐ in today's world.

① changes ② with ③ the ④ place ⑤ taking ⑥ coping

（立教大）

9 用紙に記入して3番窓口に提出してください。
Please ☐ ☐ ☐ ☐ ☐ ☐ ☐
at window No. 3.

① the ② fill out ③ turn ④ it ⑤ and ⑥ in ⑦ form

（中央大）

10 Her performance ☐ ☐ ☐ ☐ ☐
☐ desired.

① little ② as ③ left ④ to ⑤ Juliet ⑥ be

（獨協大）

6 ⑤④②③⑧⑦⑥①　We **took advantage of the weather to do our** outdoor activities.

▶ 主語の We に続き，動詞 ⑤ took を置き，**take advantage of ～** で「～を利用する」の意なので，advantage of（④②）を続けます。そのあとに of の目的語 the weather（③⑧）を置きます。最後に不定詞の副詞用法で目的を表す to do our（⑦⑥①）を配置し，outdoor activities につなげます。

7 ⑤①⑥③④⑧⑩⑨⑦②　This **photograph always reminds me of the trip to Switzerland I** took by myself.

▶ 文頭の This の後に ⑤ photograph を入れ，主語を作ります。そのあとに副詞の ① always を置いて動詞句に続けます。**remind A of B** で「A に B のことを思い出させる」の意なので，reminds me of（⑥③④）とし，さらに of の目的語 the trip to Switzerland（⑧⑩⑨⑦）を置きます。最後に trip を修飾する関係代名詞（that や which）が省略された関係詞節が後続していると判断し，② I を入れて完成です。なお，remind は〈**remind＋O＋that** 節〉の構造も可能です。

8 ⑥②③①⑤④　I wonder if we are properly **coping with the changes taking place** in today's world.

▶ まず，if 節の中の述語動詞を完成するために，**cope with ～**「～に対処する」と **take place**「（事件などが）起こる」の２つを候補として検討します。are と共に進行形を作る現在分詞としては，文脈から ⑥ coping が適切なので coping with（⑥②）とします。次に with の目的語に the changes（③①）を続け，それを修飾する分詞として taking place（⑤④）を配置します。

和訳 私たちは現代の世界で起きている変化にきちんと対処できているのだろうか。

9 ②①⑦⑤③④⑥　Please <u>fill out</u> <u>the form</u> and <u>turn it in</u> at window No. 3.

▶ まず，「（書類などに）書き込む」の② **fill out** を入れ，目的語を the form（①⑦）とします。次に ⑤ and を置いて，「～を提出する」の意の turn in（③⑥）を続けますが，この in は副詞で，turn の目的語が ④ it という人称代名詞なので，turn と in の間に入れる必要があり，**turn it in**（③④⑥）という語順にします。

10 ②⑤③①④⑥　Her performance <u>as Juliet</u> <u>left</u> <u>little</u> <u>to be</u> desired.

▶ まず，as Juliet（②⑤）を入れ，「ジュリエットとしての演技」という主語を作り，次に慣用表現の leave ～ to be desired「不十分な点がある［ない］」を用いて left little to be（③①④⑥）を続け，文を完成します。

和訳 ジュリエットとしての彼女の演技は，ほぼ申し分なかった。

11～15：下線部のうち，誤りを含むものを選べ。

11 People living in poverty would be ①most affected by the effects of climate change, and ②these people are the least ③equipped to deal ④within the effects of such changes.

（立教大）

12 If he had ①begun earlier, he might have succeeded ②to finishing the ③extremely complex project before ④the deadline.

（立教大）

13 "I ①forgot my purse. Can I borrow ②you five pounds?" "Sure. ③A ten-pound note ④will do?"

（明治大）

14 A friend of mine ①from high school ②became to know a ③talented actor ④on board the ship.

（東京理科大）

15 Recently, the average life span of dogs ①has increased considerably. This is ②due to improved safety ③resulting in keeping the animals indoors, as well as ④the growing popularity of healthy pet foods.

（中央大）

11 ④ within → with

▶ deal within では意味が成立しないので, ④ within を **with** に直し, **deal with ～** で「～を扱う, ～に対処する」の意味にします。

語句 poverty 名「貧困」, affect 他「～に影響を与える」,
be equipped to *do* 熟「do する備えがある」

和訳 貧困で暮らす人々が気候変動の影響に最も左右されるだろうし, こうした人々はそのような変動の影響への対処の準備が最もできていない。

12 ② to finishing → in finishing

▶ succeed は〈**succeed in＋*doing***〉で「**do するのに成功する**」の意味になるので, ②内の to を **in** に直す必要があります。 語句 extremely 副「極端に, 非常に」

和訳 もっと早く始めていたら, 彼は非常に複雑なプロジェクトを期限前に終わらせるのに成功していたかもしれない。

13 ② you → 削除

▶ ここでは, 文脈から, 1 人目の発話者が会話の相手に借金の依頼をしていることがわかります。動詞 **borrow** には目的語を 2 つとる〈S＋V＋O₁＋O₂〉の用法はないので, ②**you を削除**します。 語句 note 名「紙幣」, will do 熟「間に合う」

和訳 「財布を忘れてしまった。5 ポンド貸してくれないか？」「わかった。10 ポンド札でいいかい？」

14 ② became → came

▶「**do するようになる**」という意味で become to *do* という表現はありません。**come to *do*** を用いるのが適切なので, ②became を **came** に直します。

語句 talented 形「才能のある」, on board ～ 熟「～に乗船して, ～に搭乗して」

和訳 高校時代からの私の友人は, 船中で才能ある俳優と知り合いになった。

15 ③ resulting in → resulting from

▶ **A result in B** で「**A は B という結果になる**」の意ですが, ここでは意味が不自然になってしまうので, ③は **B result from A**「**B は A の結果である**」に直します。どちらの表現でも, A が原因で, B が結果になることに注意しましょう。

語句 life span 名「平均寿命」, considerably 副「かなり」

和訳 最近, 犬の平均寿命はかなり延びた。これは健康的なペットフードの人気が高まっていることだけでなく, 動物を室内で飼うことから生じた安全の向上によるものである。

1〜14：次の文の空所に最も適切なものを選んで入れよ。

1 You should write down Mary's telephone number [＿＿＿] she is late for the appointment.

 ① as long as ② even if ③ in order that ④ in case

（東邦大）

2 I think you should be more [＿＿＿] to her feelings.

 ① sensible ② sensitive ③ sense ④ sensory

（東邦大）

3 Andy will go to the hospital on Monday for an operation, after [＿＿＿] he will need to rest at home for two days.

 ① when ② where ③ which ④ that

（南山大）

4 If the animal shelter had not rescued the cat, it would [＿＿＿] to death by now.

 ① have starved ② not have starved
 ③ not starve ④ starve

（中央大）

5 More than 40,000 schoolchildren live outside South Korea in [＿＿＿] experts say is a new era of globalized education.

 ① what ② which ③ where ④ whose

（青山学院大）

6 He [　　　] be in because I can hear his radio.

① shall　　　② must have　　　③ has　　　④ must

（上智大）

7 After graduating from university, I plan to move away from home and live [　　　].

① by my own　　② by myself　　③ for my own　　④ only one

（学習院大）

8 [　　　] arriving at the scene of the crime, the police discovered the suspect had already gone.

① As　　② At　　③ On　　④ With

（学習院大）

9 We will be able to accept your offer [　　　] that you assure us that the agreed price will stay unchanged.

① decided　　② proposed　　③ provided　　④ suggested

（学習院大）

10 Everything you do has its own impact on your future, and it's up to you [　　　] this impact becomes a positive or a negative one.

① that　　② what　　③ whether　　④ whom

（中央大）

11 Many people were [＿＿＿] of their wallets and purses during the sightseeing tour in that country.

① robbed   ② stolen   ③ taken   ④ grabbed

（関西学院大）

12 The thief [＿＿＿] to have entered the house by breaking a window.

① believed   ② had to believe
③ had believed   ④ was believed

（日本大）

13 The committee awards grants to non-profit organizations [＿＿＿] programs benefit the residents.

① what   ② whatever   ③ whose   ④ which

（法政大）

14 Any person has the right to pursue happiness [＿＿＿] of race or nationality.

① by virtue   ② instead   ③ regardless   ④ despite

（西南学院大）

15～20：与えられた語句を並べ替えて，文を完成させよ。

15 In the history of skirts, the more voluminous they became, [＿＿＿] [＿＿＿] [＿＿＿] [＿＿＿] [＿＿＿] [＿＿＿] fitted mantles or jackets with them.

① to   ② the   ③ it   ④ more
⑤ was   ⑥ difficult   ⑦ wear

（上智大）

16 ほかの言語を学べば，よその国の人たちと意思の疎通を図ることができる。

Learning ☐ ☐ ☐ ☐ ☐ ☐ ☐ ☐ ☐ ☐ different country.

① a   ② another   ③ communicate   ④ enables   ⑤ in
⑥ language   ⑦ people   ⑧ to   ⑨ with   ⑩ you

（青山学院大）

17 ジルは，明日シカゴに行かなければならないことを改めて言われた。

Jill ☐ ☐ ☐ ☐ ☐ ☐ ☐ ☐ tomorrow.

① go   ② reminded   ③ Chicago   ④ must
⑤ to   ⑥ that   ⑦ was   ⑧ she

（中央大）

18 The conflict among the tribes in ☐ ☐ ☐ ☐ ☐ ☐ over.

① being   ② from   ③ the   ④ country
⑤ far   ⑥ is

（獨協大）

19 The rumor that all of the explorers were saved ☐ ☐ ☐ ☐ ☐ ☐ .

① has   ② proved   ③ be   ④ to
⑤ been   ⑥ true

（獨協大）

20 You should listen to others' opinions, but it's also necessary to ☐☐☐☐☐☐ thinking.

① know　　② are　　③ people　　④ you
⑤ let　　　⑥ what

（立教大）

21〜28：下線部のうち，誤りを含むものを選べ。

21 Many experts ①claim there is not one ②kind of intelligence, ③and at least eight different types, ④including verbal and emotional intelligence.

（学習院大）

22 The person ①in charge of the investigation will make a phone call ②to you ③as soon as ④he'll reach Osaka Station.

（関西学院大）

23 For some students, work ①may be an escape from an ②already failing academic record. Students who work intense hours are those ③what typically haven't been ④successful in the classroom.

（法政大）

24 I saw ①so many sheep there ②that I thought ③it was as commonplace ④as trees in a forest.

（学習院大）

25 The letter ①addressed to Alice requests that she ②conducts business negotiations with the foreign clients ③on behalf of ④the management.

（順天堂大）

26 I couldn't ①get most of the people I ②spoke to at the party really ③fascinating with the story of my canoe ④trip down the Colorado River.

（中央大）

27 The transport charges are twice ①more than ②we expected, ③owing to the ④rise in the price of crude oil.

（立命館大）

28 ①Though part-time work can be a beneficial learning experience for students, counselors say it's important to help students prioritize to keep them ②of falling behind, and parents and employers ③alike should take notice if a student ④seems to be slipping.

（法政大）

29, 30：①〜④の各文のうち，誤りを含むものを選べ。

29 ① No other mountain in Japan is higher than Mt. Fuji.
② They elected Mike captain of the baseball team.
③ The climate of Tokyo is milder than that of Sendai.
④ Confidential documents are kept hiding in a secret place.

（青山学院大）

30 ① What have you been doing since I saw you last?
② She asked me if I had ever visited Italy before.
③ I will have lived here for ten years by next September.
④ No sooner has he seen a policeman than he ran away.

（青山学院大）

1　④

▶文意から ④ **in case ～**「～だといけないから」が適切です。① as long as ～「～である限り」，② even if ～「～だとしても」，③ in order that ～「～となるように」では意味が不自然になります。

語句 write down ～ 熟「～を書き留める」，appointment 名「（面会の）約束」

和訳 メアリーが約束に遅れるといけないので，彼女の電話番号を書き留めておくべきだ。

⬥ **第7章 接続詞「押さえておきたい6題」6 参照** (p.74)

2　②

▶文脈から「**敏感である**」という意味の形容詞を入れるのが適切なので，② **sensitive** が正解です。① sensible は「分別がある」，④ sensory は「感覚（器官）の」の意です。③ sense は名詞なので，明らかに不適切です。

和訳 君は彼女の気持ちにもっと敏感になるべきだと私は思う。

⬥ **第10章 形容詞・副詞の語法「Check 2」参照** (p.100)

3　③

▶after の前にコンマがあることから関係詞の継続用法となりますが，**先行詞は an operation** なので，関係代名詞の ③ **which** が正解です。..., after which で and after the operation「そして手術の後で」という意味となります。

和訳 アンディは月曜に手術を受けるために病院に行くだろうが，そのあと，彼は2日間家で静養する必要があるだろう。

⬥ **第4章 関係詞「差がつく12題」10 参照** (p.50)

4　①

▶if 節中で had not rescued という過去完了形が用いられているので，この文は**仮定法過去完了**で，帰結節の述語動詞は〈助動詞＋have＋Vpp〉の形が基本です。よって，① **have starved** が正解です。

語句 shelter 名「保護施設」，starve to death 熟「餓死する」

和訳 もし動物保護センターがその猫を助けていなかったならば，今ごろはもう餓死してしまっていただろう。

⬥ **第2章 助動詞・仮定法「差がつく15題」1 参照** (p.26)

5　①

▶空所前の前置詞 in の目的語がないこと，experts say の後の is の主語がないことを確認し，**先行詞を含む関係代名詞**の ① **what** が正解であると判断します。〈experts say（that）S＋is ...〉の主語が関係代名詞になっている形です。

[語句] era [名]「時代」，globalize [他]「〜を地球規模にする」

[和訳] 専門家が言うところの新時代でのグローバル教育においては，4万人以上の学童が韓国国外に暮らしている。

�**第4章 関係詞「差がつく12題」9 参照** (p.50)

6　④

▶because 以下の情報から，「彼が中にいる」と**確信**していると想定できるので，④ **must**「〜にちがいない」が正解です。① shall では「彼を中にいさせよう」という不自然な意味になります。② must have は後に過去分詞が続くので原形 be とはつながりません。③ has もまた be とはつながりません。

[和訳] 彼のラジオが聞こえるので，彼は中にいるにちがいない。

�**第2章 助動詞・仮定法「押さえておきたい6題」1 参照** (p.24)

7　②

▶**by** *one*self で「1人で，独力で」という意味になるので，② **by myself** が正解です。なお，①③は **on** *one*'s **own** ならば「1人で，独力で」という意味の表現です。

[和訳] 大学を卒業したあとは，私は家を出て1人暮らしをするつもりだ。

�**第9章 名詞・代名詞の語法 ☑Check 2 参照** (p.90)

8　③

▶空所の後が arriving という動詞の *doing* 形になっていることを確認します。動名詞を用いて，〈**on**［**upon**］＋*doing*〉で「**do** するとすぐに」という意味の表現になるので，③ **On** が正解です。

[和訳] 犯罪現場に到着するとすぐに，警察は容疑者がすでにいなくなっていることがわかった。

�**第3章 準動詞「押さえておきたい6題」2 参照** (p.34)

9　③

▶空所前後で2つの節があり，空所後に that があるので，that 節をあとに続けることのできる接続表現が必要です。**provided that 〜** で「**〜という条件で**」という意味になるので，③ **provided** が正解です。　[語句] assure [他]「〜を保証する」

[和訳] 合意した価格が変更されないということを私たちに保証してくれるのであれば，あなたの提案を受け入れることが可能だ。

�**第7章 接続詞「差がつく15題」6 参照** (p.78)

10 ③

▶ **it is up to 〜 whether ...** で「…かどうかは〜しだいだ」という意味になるので，③ **whether** が正解です。

語句 positive 形「プラスの」，negative 形「マイナスの」

和訳 あなたがすることはすべて，それ自体が将来に影響を与え，それがプラスの影響になるかマイナスの影響になるかはあなたしだいだ。

⮕ **第 7 章 接続詞「差がつく 15 題」10 参照** (p.78)

11 ①

▶ 空所後に of があることを確認し，**rob A of B**「**A の B を奪う**」の受動態だと判断します。よって，① **robbed** が正解です。動詞 steal を使う場合の受動態では，盗まれたものが主語になるので，ここでは ② stolen は不適切です。

語句 sightseeing 名「観光」

和訳 多くの人々がその国の観光ツアー中に札入れや小銭入れを奪われた。

⮕ **第 11 章 動詞の語法 (1) ☑Check 3 参照** (p.111)

12 ④

▶ 〈**believe + O + to do**〉で「**O が do すると考える**」という意味になりますが，これを受動態にすると be believed to do という形になります。ここでは，正解の ④ **was believed** という過去時制の示す「時」よりも，enter という動作の発生のほうが時間的に先になるので，to have entered のように **完了形の to 不定詞** が用いられています。

和訳 泥棒は窓を割って家に入ったと考えられた。

⮕ **第 3 章 準動詞「差がつく 15 題」12 参照** (p.40)

13 ③

▶ 空所後の名詞 programs を修飾すると同時に，先行詞の organizations を結びつける役割を果たす関係代名詞が必要なので，**所有格関係代名詞**の ③ **whose** が正解です。

語句 award 〜 to ... 熟「…に〜を与える」，grant 名「補助金」，
non-profit 形「営利目的でない」，benefit 他「(物事が) 〜に利益を与える」，
resident 名「住民」

和訳 委員会は住民に利益を与えるプログラムを持つ非営利団体に補助金を与える。

⮕ **第 4 章 関係詞「差がつく 12 題」12 参照** (p.50)

14 ③

▶**regardless of ～**「～にかかわらず」が文脈上適切なので，③ **regardless** が正解です。①は by virtue of ～ で「～の力で，～のおかげで」，②は instead of ～ で「～の代わりに」の意です。④ despite は 1 語で前置詞であり，despite of ～ という形では用いません。

語句 pursue 他「～を追求する」，race 名「人種」，nationality 名「国籍」

和訳 だれにでも，人種や国籍にかかわらず幸福を追求する権利がある。

⊃**第 6 章 前置詞「押さえておきたい 6 題」2 参照** (p.64)

15 ②④⑥③⑤①⑦ In the history of skirts, the more voluminous they became, the more difficult it was to wear fitted mantles or jackets with them.

▶空所前が the more voluminous they became となっていることから，「**～であれば，ますます…だ**」という意味を表す〈**the ＋ 比較級 ～，the ＋ 比較級 …**〉の構文が使えると判断します。まず the more difficult（②④⑥）を置き，その後に主語と be 動詞の it was（③⑤）を続け，形式主語の it が指す to 不定詞の to wear（①⑦）を配置して完成です。 語句 voluminous 形「ゆったりした」，fitted 形「体にぴったり合わせた」

和訳 スカートの歴史では，スカートがゆったりすればするほど，それと一緒に体にぴったり合わせたマントや上着を着るのがより難しくなった。

⊃**第 5 章 比較「差がつく 15 題」7 参照** (p.58)

16 ②⑥④⑩⑧③⑨⑦⑤① Learning another language enables you to communicate with people in a different country.

▶まず，Learning の目的語に another language（②⑥）を入れて Learning another language という文の主語を作ります。次に，〈enable ＋ O ＋ to *do*〉「O が do するのを可能にする」という表現を用い，enables you to communicate（④⑩⑧③）を続け，communicate with ～「～と意志疎通を図る」とつながるように with people（⑨⑦）とします。最後に in a（⑤①）を文末の different country と結びます。

⊃**第 8 章 さまざまな構文「差がつく 10 題」2 参照** (p.86)

17 ⑦②⑥⑧④①⑤③ Jill was reminded that she must go to Chicago tomorrow.

▶動詞 remind は〈**remind ＋ O ＋ that 節**〉で「**O に～を気づかせる**」という用法があるので，まず主語の Jill の後に was reminded（⑦②）という受動態を作り，そのあとに that 節を続ければよいことを見抜きます。that 以下は that she must go to Chicago（⑥⑧④①⑤③）として文が完成します。

⊃**第 12 章 動詞の語法（2）「差がつく 15 題」7 参照** (p.126)

18 ③④⑥⑤②① <u>The conflict among the tribes in</u> **the country** <u>is</u> **far from**
<u>being</u> over.
　S　　　　　　　　　　　　　　　　　　　　V　　C

▶空所前に前置詞 in があるので，その目的語になる the country（③④）をまず入れ，主部を完成します。次に，**is far from**（⑥⑤②）で「**～から程遠い**」とし，from の目的語として動名詞の ① being を入れて文の完成です。

語句 conflict 名「紛争」，tribe 名「部族」，over 形「終わって」

和訳 その国の部族間の紛争は，終結には程遠い。

⮕ **第 10 章 形容詞・副詞の語法「差がつく 15 題」9 参照** (p.106)

19 ①⑤②④③⑥ <u>The rumor that all of the explorers were saved</u> **has been**
<u>proved to be true</u>.
　S　　　　　　　　　　　　　　　　　　　　　　　　V
　C

▶主語の The rumor の内容を説明する that 節が saved までなので，述部を完成することになります。まず，has been（①⑤）で完了形を作り，② proved を置いて受動態にします。〈**prove O to be ＋ C**〉「**O を C であると証明する**」の**受動態**になるので，あとに to be true（④③⑥）を続けて文の完成です。

語句　rumor 名「うわさ」，explorer 名「探検家」

和訳 探検家たちが全員救助されたといううわさは本当であることがわかった。

⮕ **第 1 章 時制・態「差がつく 15 題」11 参照** (p.20)

20 ⑤③①⑥④② You should listen to others' opinions, but it's also necessary
to **let people know what you are** thinking.

▶〈**let ＋ O ＋ do**〉で「**O に do させる**」なので，まず，let people know（⑤③①）を作り，what you are（⑥④②）と文末の thinking で know の目的語の名詞節が完成します。

和訳 他人の意見は聞くべきだが，自分が考えていることを人に知らせることも必要だ。

⮕ **第 11 章 動詞の語法（1）「押さえておきたい 6 題」3 参照** (p.112)

21 ③ **and → but**

▶最初の節中に not があるので，意味から **not A but B**「**A ではなく B**」とするのが適切だと判断して，③ and を **but** に直します。not one ... but ... eight で「1 つではなく 8 つ」という意味です。

語句 verbal 形「言葉の」，emotional 形「感情の」

和訳 知性は 1 つの種類ではなく，言語的知性や感情的知性を含め少なくとも 8 つの異なる種類があると，多くの専門家は主張している。

⮕ **第 7 章 接続詞「差がつく 15 題」11 参照** (p.80)

22　④　he'll reach → he reaches

▶**as soon as ～** は「**～するとすぐに**」という**時の副詞節を導く接続詞**です。この文の主節中では will make で未来の意味が表されているので，「時の副詞節中の未来の意味は現在形で表現される」という原則に基づき，従属節中の ④ he'll reach を **he reaches** に直します。

[語句] in charge of ～ [熟]「～を担当して」，investigation [名]「調査」

[和訳] 調査の責任者は大阪駅に到着するとすぐに，あなたに電話するだろう。

⇒**第1章 時制・態「差がつく15題」3 参照** (p.16)

23　③　what → who

▶関係代名詞 what は先行詞が不要なため，前の those と結びつくことができないので，③ what を **who** に変え，**those who ～** で「**～な人々**」という形に直す必要があります。なお，intense hours は副詞的に機能し，「熱心に何時間も」という意味です。　[語句] escape [名]「逃避」，academic record [名]「学業成績」，intense [形]「熱心な」

[和訳] 一部の学生には，仕事はすでに悪化しつつある学業成績からの逃避であるかもしれない。熱心に何時間も働く学生たちは，概して教室でうまくいっていない者たちである。

⇒**第4章 関係詞「押さえておきたい6題」1 参照** (p.44)

24　③　it was → they were

▶名詞 **sheep** は**単数形・複数形が同じ形**ですが，この文では many で修飾されているので複数形として用いられています。そこで，③ it was では sheep を指せないので，**they were** に直します。

[語句] so ～ that ... [熟]「～なので…」，commonplace [形]「ありふれた」

[和訳] そこでは多くの羊が見えたので，羊は森の中の木と同じようにありふれたものなのだと私は思った。

⇒**第9章 名詞・代名詞の語法「差がつく15題」13 参照** (p.98)

25　②　conducts →（should）conduct

▶request that ～ で「～を求める」ですが，**要求の内容を述べる that 節中では，動詞は原形（仮定法現在）あるいは〈助動詞 should ＋動詞の原形〉にする必要があります**。よって，② conducts を **conduct** または **should conduct** に直します。

[語句] address [他]「あて先を～にする」，conduct [他]「～を行う」，negotiation [名]「交渉」，client [名]「顧客」，on behalf of ～ [熟]「～を代表して」

[和訳] アリスあての手紙は，彼女が経営陣を代表して海外の顧客とビジネスの交渉をすることを要請している。

⇒**第2章 助動詞・仮定法 ✓Check 2 参照** (p.22)

26　③　fascinating → fascinated

▶get most of the people ... fascinating では「大半の人々を魅力的にする」という意味となってしまい，文意が不自然になるので，③fascinating を過去分詞の **fascinated** に変え，「大半の人々が引きつけられた状態にする」という意味になるようにします。②はI の前で目的格関係代名詞 whom［that］が省略されているので，前置詞 to の目的語が欠けているように一見見えてもこのままで適切です。④内の down は前置詞として機能し，down the Colorado River 全体が前の my canoe trip を修飾しているので間違いではありません。

和訳 私は，コロラド川を下った私のカヌー旅行の話では，パーティーで話しかけた人々の大半の興味をあまり引きつけることができなかった。

⭕ **第3章 準動詞** ☑Check 2 参照 (p.32)

27　①　more than → as much as

▶「2倍の」を表す **twice は比較級とは一緒に用いることができません**。また，ここでは「数の多さ」ではなく，「金額が多い」という意味なので，many ではなく much が用いられ，① more than を **as much as** に直す必要があります。

語句 transport 图「輸送」，charge 图「料金」，rise 图「上昇」，crude 形「天然のままの」

和訳 輸送費は原油価格の上昇のために，私たちが予想していた2倍だ。

⭕ **第5章 比較「差がつく15題」4 参照** (p.56)

28　②　of → from

▶keep them of falling では意味が成立しないので，〈**keep＋O＋from＋doing**〉「**O が do しないようにする**」となるように，② of を **from** に直します。③ alike はここでは副詞で，A and B alike で「A も B も（同様に）」の意味になります。

語句 beneficial 形「有益な」，prioritize 他「優先順位を決める」，fall behind 熟「落ちこぼれる」，take notice 熟「気に留める」，slip 自「悪化する」

和訳 アルバイトは学生にとって有益な学習経験になり得るが，学生が落ちこぼれないように（なすべきことの）優先順位を決める手助けをすることが重要であり，親も雇用者も同様に学生が悪い状況になりつつあるかどうかを気にかけるべきであるとカウンセラーは言っている。

⭕ **第11章 動詞の語法（1）** ☑Check 2 参照 (p.110)

29　④　hiding → hidden

▶④の hide「〜を隠す」は他動詞なので，目的語なしの現在分詞では英語として不適切です。よって，〈keep＋O＋Vpp〉「O を do された状態にしておく」の O が主語になった受動態の文だと見抜いて，be kept hidden で「隠されたままである」という意味にするため，④ hiding を過去分詞 hidden に直します。② は〈elect＋O＋C〉で「O を C に選ぶ」の意で，補語 C は無冠詞の captain で問題ありません。

語句 confidential 形「秘密の」

和訳 ①富士山ほど高い山は日本にはない。
　　②彼らはマイクを野球チームのキャプテンに選んだ。
　　③東京の気候は仙台の気候よりも温暖だ。
　　④機密文書は秘密の場所に隠されたままである。

➡ 第3章 準動詞「差がつく15題」14 参照 (p.40)

30　④　has → had

▶④では「〜するとすぐに…」の意味の No sooner 〜 than ... が用いられていますが，倒置になっている助動詞 has では過去を示せないので，had にする必要があります。①の時制は，since 以下で示される過去の時点から今までという継続の意味なので，現在完了で適切です。②の if 節中の時制は，asked より以前の経験を尋ねているので，過去完了形で適切です。③は by next September という副詞句から，未来完了形で適切です。

和訳 ①この前会ったとき以来何をしていたのですか？
　　②彼女は前にイタリアに行ったことがあるかと私に尋ねた。
　　③今度の9月でここに10年間住んでいることになるだろう。
　　④彼は警官を見るとすぐに逃げ出した。

➡ 第8章 さまざまな構文「押さえておきたい6題」1 参照 (p.84)

正解数 1〜12 …「押さえておきたい6題」をもう1周しよう！

正解数 13〜21 … もう一息で『レベル4』は完成。「差がつく」問題を中心に復習しよう！

正解数 22〜30 …『レベル4』はばっちり身に付きましたね。『レベル5』へGO！